Jürg Leimgruber
Urs Prochinig

600 Antworten zur Betriebs- und Rechtskunde

Antworten zu den
Repetitionsfragen
zur Vorbereitung auf die
kaufmännische
Lehrabschlussprüfung

VERLAG : SKV

Dr. Jürg Leimgruber sind dipl. Handelslehrer an der KV Zürich Business School. Sie sind Dozenten in der wirtschaftlichen Weiterbildung und Mitglieder verschiedener Prüfungsgremien.
und
Dr. Urs Prochinig

10. Auflage 2002   ISBN 3-286-30700-9

© Verlag SKV, Zürich
www.verlagskv.ch

Alle Rechte vorbehalten.
Ohne Genehmigung des Verlages ist es nicht gestattet, das Buch oder Teile daraus in irgendeiner Form zu reproduzieren.

Gestaltung: Peter Heim
Umschlag: Brandl & Schärer AG

Bild Umschlag: Intellekt und Intuition von Benno Schulthess, Widen

Inhaltsverzeichnis

Rechtskunde

1 Rechtliche Grundbegriffe und Rechtsordnung	7
2 Vertragslehre	11
3 Handelsregister, Firma und Unternehmungsformen	25
4 Wertpapiere	32
5 Schuldbetreibung und Konkurs	35
6 Zivilgesetzbuch	40

Betriebskunde

7 Betrieb und Unternehmung	43
8 Banken	54
9 Versicherungen	59
10 Steuern	64

Musterprüfungen

Prüfung 1	70
Prüfung 2	75
Prüfung 3	80
Prüfung 4	86
Prüfung 5	92

1. Rechtliche Grundbegriffe und Rechtsordnung

1.
Recht	Sitte	Moral (Sittlichkeit)

a) Innerhalb welcher der drei Bereiche Recht, Sitte und Moral sind Verhaltensregeln erzwingbar?

X		

b) Welche Art von Verhaltensregeln bestimmt in folgenden Fällen das Verhalten:
   – Im überfüllten Tram den Sitzplatz an eine schwangere Frau abtreten

	X	X

– Bei Rotlicht anhalten

X		

– «Liebe deinen Nächsten» (Matth. 5, 43)

		X

– Grüssen des Vorgesetzten

	X	(x)

– Keine Verheimlichung von Vermögenswerten auf der Steuererklärung

X		(x)

– Nichts Schlechtes über Verstorbene reden

	X	X

c) Beschreiben Sie die Folgen bei Verstössen innerhalb der drei Bereiche.

Bestrafung durch den Staat (Busse, Gefängnis u.a.)	Ächtung, Ausschluss durch die Gesellschaft (Mitmenschen)	Schlechtes Gewissen

2. Rechtsstaat: a) und b)
   Totalitärer Staat: c), d) und e)

3.
	Legislative	Exekutive	Judikative
Aufgabe	Erlass von Gesetzen	Vollzug der Gesetze	Rechtsprechung
Zuständige Behörde auf Bundesebene?	National- und Ständerat	Bundesrat	Bundesgericht, Eidg. Versicherungsgericht

4.

```
                              Rechtsquellen
        ┌──────────────┬──────────────────┬──────────────┬──────────────┐
   Geschriebenes Recht  Gewohnheitsrecht   Gerichtliche Praxis   Richterliche Rechts-
                                                                 findung, richterliches
                                                                 Ermessen
```

| Verfassung
Gesetze
Verordnungen | Lang geübte Bräuche, die allgemein verbindlich betrachtet werden | Frühere Gerichtsurteile, vor allem Bundesgerichtsentscheide | Eine die Umstände und Verhältnisse berücksichtigende Entscheidung |

5. a) 1. Text: Bundesverfassung (Art. 37 bis Abs. 1)
   2. Text: Verkehrsregelnverordnung (Art. 64)
   3. Text: Strassenverkehrsgesetz (Art. 9)
   b) Das Gesetz stellt die Rahmenbedingungen auf; die Verordnung regelt die Details.
   c) Gesetze werden von der Legislative erlassen (hier National- und Ständerat), Verordnungen von der Exekutive (hier Bundesrat). Bei Verordnungen ist im Gegensatz zu den Gesetzen kein Referendum möglich.

6. a) öffentlich, b) privat, c) öffentlich, d) privat, e) privat, f) öffentlich, g) privat, h) öffentlich

7. 1. Allgemeine Bestimmungen
   2. Die einzelnen Vertragsverhältnisse
   3. Die Handelsgesellschaften und die Genossenschaft
   4. Handelsregister, Geschäftsfirmen und kaufmännische Buchführung
   5. Die Wertpapiere

8. 1. Personenrecht
   2. Familienrecht
   3. Erbrecht
   4. Sachenrecht
   (5. Obligationenrecht)

9. Handeln nach Treu und Glauben: **Das Gesetz verlangt, dass man nach der Art und Sitte ehrlicher Leute handelt. Der Missbrauch eines Rechts wird nicht geschützt.**

   Guter Glaube: **Bei der Beurteilung der Rechtslage wird davon ausgegangen, dass jeder Beteiligte gutgläubig gehandelt hat (d.h., der Beteiligte war sich des Rechtsmangels nicht bewusst).**

   Richterliches Ermessen: **Bei der Beurteilung eines Rechtsproblemes hat der Richter die Verhältnisse und Umstände zu würdigen.**

   Beweislast: **Grundsätzlich hat derjenige das Vorhandensein einer behaupteten Tatsache zu beweisen, der aus ihr Rechte ableitet.**

   Wo kein Kläger ist, ist kein Richter: **Bei privatrechtlichen Streitigkeiten greift das Gericht nur dann ein, wenn eine Partei eine Klage einreicht.**

   Rechtsunkenntnis schadet: **Man kann sich nie darauf berufen, eine Rechtsvorschrift nicht gekannt zu haben.**

10. a) Richtig sind die erste, vierte und sechste Aussage.
    b) Zwingend sind das erste und vierte Beispiel; dispositiv das zweite, dritte und fünfte.
    c) OR, Art. 219, Abs. 1 «unter Vorbehalt anderweitiger Abrede»
       (Auch OR 219 ll und OR 220 haben dispositiven Charakter.)

11.

	Zivilprozess	Strafprozess	Verwaltungsverfahren
Zuständigkeitsbereich	Beurteilung von privatrechtlichen Streitigkeiten	Beurteilung von strafbaren Handlungen (Delikte)	Beurteilung von Entscheiden von Amtsstellen
Prozessierende Parteien	– Kläger – Beklagter	– Ankläger bzw. Staatsanwalt – Angeklagter	– Bürger – Staatliche Verwaltungsbehörde
Beispiele	Streitigkeiten aus dem OR oder dem ZGB (Ehescheidungen, Erbfragen, Vertragsbrüche)	Diebstahl Mord Körperverletzung Verkehrsdelikte	Steuerzahlung Bauverbot Sozialversicherungen

12. 1=Z, 2=S, 3=B, 4=S, 5=V, 6=B, 7=Z

13.

Offizialdelikt	Bei schweren Vergehen und Verbrechen greift der Staat von Amtes wegen ein und verfolgt die Straftat
Rekurs (Einsprache)	Einspruch gegen Verfügungen staatlicher Verwaltungsbehörden
Rechtsmittelbelehrung	Hinweis im Urteil, welche rechtlichen Möglichkeiten offen stehen, sich gegen das Urteil zu wehren
Staatsrechtliche Beschwerde	Anrufung des Bundesgerichtes als oberste Instanz zum Schutz des Bürgers vor Verletzung von verfassungsmässigen Rechten durch staatliche Behörden
Antrags- oder Privatdelikt	Der Staat überlässt es dem Geschädigten, ob er einen Strafantrag stellen will oder nicht
Appellation oder Berufung	Weiterziehen eines Urteils zur Neubeurteilung durch eine höhere Instanz

14. «Ein kaufmännischer Angestellter geniesst die Ferien in den Schweizer Bergen. Er mietet in einem Sportgeschäft eine Campingausrüstung① und zeltet auf einer Alp.② Tags darauf besteigt er mit einem Bergführer③ einen Viertausender. Aus Unachtsamkeit schlägt ihm der Bergführer mit dem Eispickel zwei Zähne aus.④ Er steigt sofort ab, und der Bergführer überlässt ihm kostenlos das Auto⑤ für den Besuch des Zahnarztes⑥ im Nachbardorf. Wegen der starken Schmerzen überfährt er ein Rotlicht.⑦ Da ein weiteres Verbleiben im Zelt aus Gesundheitsgründen nicht mehr zumutbar ist, mietet er ein Chalet.⑧ Am andern Morgen kauft er eine Zeitung⑨ und liest in den Todesanzeigen, dass sein kinderloser Onkel ermordet⑩ worden ist. Nach soviel Ungemach entschliesst er sich, die Ferien abzubrechen.»

① Zivilrecht / OR (Mietvertrag)

② Öffentliches Recht / OR (Mietvertrag)

③ Zivilrecht / OR (Auftrag)

④ Zivilrecht / OR (Unerlaubte Handlung und nicht gehörige Vertragserfüllung)

⑤ Zivilrecht / OR (Gebrauchsleihe)

⑥ Zivilrecht / OR (Auftrag und evtl. Werkvertrag)

⑦ Öffentliches Recht / Strassenverkehrsgesetz (SVG)

⑧ Zivilrecht / OR (Mietvertrag)

⑨ Zivilrecht / OR (Kaufvertrag)

⑩ Öffentliches Recht / Strafgesetzbuch (StGB) und Zivilrecht / ZGB (Personen- und Erbrecht)

2. Vertragslehre

A. Allgemeine Vorschriften

1. ZGB 14: Mündig ist, wer das 18. Lebensjahr vollendet hat.

2. – Mündigkeit
   – Urteilsfähigkeit
   } ZGB 13

3. a) beschränkte Handlungsunfähigkeit
   b) Handlungsunfähigkeit
   c) Handlungsunfähigkeit
   d) Handlungsfähigkeit
   e) beschränkte Handlungsunfähigkeit
   f) Handlungsunfähigkeit
   } ZGB 16–19

4. Nach ZGB 19 können sich urteilsfähige unmündige Personen grundsätzlich nur mit Zustimmung ihrer gesetzlichen Vertreter durch ihre Handlungen verpflichten. Jugendliche dürfen aber gemäss ZGB 323 auch ohne Einwilligung der Eltern Verpflichtungen eingehen, wenn sie diese mit ihrem eigenen Einkommen erfüllen können.

   – Dies ist bei a) der Fall (Fr. 40.–/Monat), und der Vertrag ist deshalb zustande gekommen.
   – Da die Verpflichtung die finanziellen Möglichkeiten des Lehrlings übersteigt, ist der Vertrag bei b) nur gültig, wenn der gesetzliche Vertreter seine Zustimmung nachträglich ausdrücklich oder stillschweigend erteilt.

5. Richtig sind b) und c).

6.
Rechtsgeschäfte

Einseitige Rechtsgeschäfte	Zwei- oder mehrseitige Rechtsgeschäfte
– Kündigung – Testament – Erteilung einer Vollmacht	– Verträge (zweiseitig) – Gründung einer AG (mehrseitig)

7. a) Durch den Kaufvertrag verpflichtet sich der Verkäufer, dem Käufer **den Kaufgegenstand zu übergeben** und ihm das **Eigentum** daran zu verschaffen, und der Käufer, dem Verkäufer den **Kaufpreis zu bezahlen**. (OR 184)

   b) Als Schenkung gilt jede **Zuwendung** unter Lebenden, womit jemand aus seinem Vermögen einen andern **ohne entsprechende Gegenleistung** bereichert. (OR 239)

   c) Durch den Mietvertrag verpflichtet sich der Vermieter, dem Mieter eine **Sache zum Gebrauch** zu überlassen, und der Mieter, dem Vermieter hierfür einen **Mietzins zu leisten**. (OR 253)

d) Durch den Darlehensvertrag verpflichtet sich der Darleiher zur Übertragung des **Eigentums an einer Summe Geld** oder an andern vertretbaren Sachen, der Borger dagegen zur **Rückerstattung** von Sachen der nämlichen Art in gleicher Menge und Güte. (OR 321)

e) Durch den Werkvertrag verpflichtet sich der Unternehmer zur **Herstellung eines Werkes** und der Besteller zur **Leistung einer Vergütung**. (OR 363)

f) Durch die Annahme eines Auftrages verpflichtet sich der Beauftragte, die ihm übertragenen **Geschäfte oder Dienste** vertragsgemäss **zu besorgen**. (OR 394)

g) Durch den Bürgschaftsvertrag **verpflichtet sich der Bürge** gegenüber dem Gläubiger des Hauptschuldners, für die **Erfüllung der Schuld einzustehen**. (OR 492)

8.

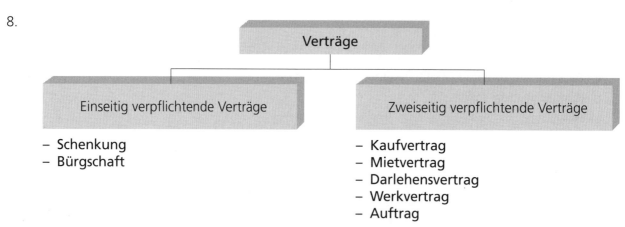

9. a, b, f und h sind richtig.

10.

Fall	Wer haftet nach welcher OR- bzw. ZGB-Vorschrift?	Verschuldenshaftung	Kausalhaftung
a) Durch unvorsichtiges Fahren verletzt ein Rollbrettfahrer einen Fussgänger, sodass dieser verarztet werden muss.	Der Rollbrettfahrer nach OR 41	X	
b) Ein Malergeselle leert beim Streichen einer Zimmerwand den Farbkübel auf dem Berberteppich aus.	Primär der Malermeister gemäss OR 364, 97 und 101		X
	Sekundär der Malergeselle gemäss OR 41	X	
	und der Malermeister nach OR 55		X
c) Ein dreijähriger Junge schlägt beim Fussballspiel die Scheibe im Nachbarhaus ein.	Die Eltern des Jungen nach ZGB 333		X
d) Eiszapfen fallen vom Hausdach und beschädigen ein Auto.	Der Werkeigentümer (der Eigentümer des Hauses) nach OR 58		X

11. Die in OR 52 Abs. 1 erwähnte Notwehr bezieht sich auf Menschen und nicht auf Tiere.

Hingegen kann der Richter den Hundehalter gemäss OR 44 Abs. 1 teilweise oder ganz von der Ersatzpflicht befreien, sofern der Geschädigte den Schaden durch sein Verhalten herbeigeführt hat.

12. Es handelt sich um eine ungerechtfertigte Bereicherung. (OR 62)

13. Nein. Was in der Absicht, einen rechtswidrigen oder unsittlichen Erfolg herbeizuführen, gegeben worden ist, kann nicht zurückgefordert werden. (OR 66)

14. Nach OR 1 ist für den Abschluss eines Vertrages die übereinstimmende gegenseitige Willensäusserung notwendig. Diese kann schriftlich oder mündlich sein. Der Vertrag ist also gültig, und Sie müssen die Rechnung bezahlen. (Allerdings kann die Boutique den Sachverhalt evtl. nicht beweisen. Vgl. ZGB 8.)

15. Es ist kein Vertrag zustande gekommen, da die Willensübereinstimmung fehlt. Der Versand des Telefonbuchs gilt nicht als Antrag. Es besteht keine Pflicht zur Rücksendung oder Aufbewahrung der unbestellten Ware. (OR 6a)

16. Nach OR 2 ist der Vertrag zustande gekommen, da es sich beim Radio nur um einen Nebenpunkt handelt. Der Verkäufer muss die Stereoanlage allerdings nachliefern oder einen Preisnachlass gewähren.

17. Nach OR 9 ist der Widerruf wirksam, wenn er vor oder mit dem Antrag eintrifft, was hier der Fall ist.

18.

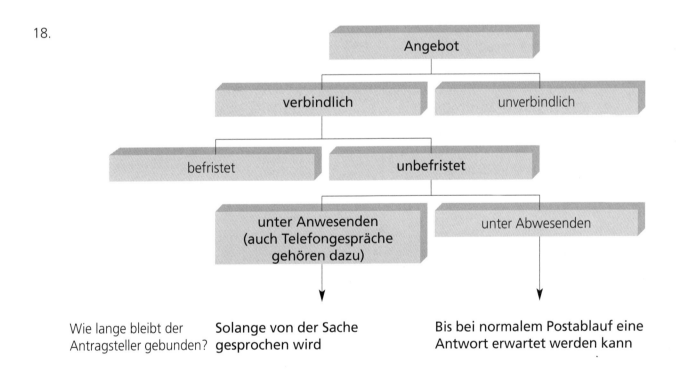

19. Nein. Nach OR 4 ist der Antragsteller nur so lange gebunden, wie das Telefongespräch dauert.

20. Richtig sind a), b), e) und g); falsch sind c), d) und f).

21. Unverbindlich, ohne Gewähr, nur solange Vorrat, Zwischenverkauf vorbehalten, Preisänderungen vorbehalten.

22.

	Schriftlichkeit		öffentliche Beurkundung	Eintrag in ein öffentliches Register
	einfache	qualifizierte		
a) Abzahlungskauf	X*			
b) Eigentumsvorbehalt				X
c) Gründung einer Aktiengesellschaft			X	X
d) Bürgschaft einer natürlichen Person für Fr. 1000.–		X		
e) Grundstückkauf			X	X
f) Lehrvertrag	X*			

* Wird von einigen Autoren auch als qualifizierte Schriftlichkeit betrachtet, da der Vertragsinhalt zum Teil vorgeschrieben ist. Wir sprechen von qualifizierter Schriftlichkeit, wenn mindestens Teile des Vertrages von Hand geschrieben werden müssen.

23. a) Nein. Nach ZGB 467 kann eine urteilsfähige, mindestens 18 Jahre alte Person über ihr Vermögen letztwillig verfügen. Allerdings ist die Formvorschrift von ZGB 505 (qualifizierte Schriftlichkeit) nicht eingehalten worden, weshalb das Testament rechtlich gesehen nichtig ist. (Dies hindert die Angehörigen aber nicht, den letzten Willen trotzdem freiwillig zu respektieren!)

b) Ja. Gemäss OR Art. 494 Abs. 1 ist die Unterschrift notwendig, und in Art. 494 Abs. 2 ist der Prokurist nicht als Ausnahme aufgeführt.

24. 1. Unmöglicher Vertragsinhalt (unmöglich im Zeitpunkt des Vertragsabschlusses)
    2. Widerrechtlicher Vertragsinhalt
    3. Sittenwidriger Vertragsinhalt
    4. Formvorschriften nicht eingehalten
    5. Mangelnde Urteilsfähigkeit

25. Dieser Vertrag ist nach OR 20 nichtig.

26. 1. Übervorteilung (OR 21)
    2. Wesentlicher Irrtum (OR 23 + 24)
    3. Absichtliche Täuschung (OR 28)
    4. Widerrechtliche Furchterregung (Drohung) (OR 29 + 30)

27. Nein. Es handelt sich gemäss OR 24 Abs. 2 um einen unwesentlichen Irrtum (Motivirrtum, Irrtum im Beweggrund).

28. Es handelt sich um einen wesentlichen Irrtum nach OR 24 Abs. 1, Ziff. 2. Für Herrn Meier ist der Vertrag unverbindlich, wenn er dem Vermieter mitteilt, dass er den Vertrag nicht halten will. (OR 31 Abs. 1)

29. Ja. Es handelt sich um einen Grundlagenirrtum gemäss OR 24 Abs. 1 Ziff. 4.

30. Der Vertrag ist anfechtbar wegen Erklärungsirrtums gemäss OR 24 Abs. 1, Ziff. 2.

31.

Übervorteilung (OR 21)	Absichtliche Täuschung (OR 28)	Furchterregung (OR 29 + 30)
• Offenbares Missverhältnis zwischen Leistung und Gegenleistung • Ausbeutung der Notlage, der Unerfahrenheit oder des Leichtsinns • Kausalzusammenhang zwischen Ausbeutung und Vertragsabschluss	• Vorspiegelung falscher Tatsachen (Täuschung) • Absicht des Täuschenden • Kausalzusammenhang zwischen **Täuschung** und Vertragsabschluss	• Erregung gegründeter Furcht • Widerrechtlichkeit • Kausalzusammenhang zwischen **Drohung** und Vertragsabschluss

32. Es handelt sich um eine absichtliche Täuschung gemäss OR 28. Sie kann den Vertrag innert Jahresfrist anfechten. (OR 31 Abs. 1)

33. Nein. Das offensichtliche Missverhältnis zwischen Leistung und Gegenleistung ist nicht gegeben.

34. Gattungswaren: **a, b, d, f**   Spezieswaren: **c, e**

35.

```
                        Erfüllungsort
        ┌───────────────────┼───────────────────┐
   Gattungsware         Speziesware       gewöhnliche Geldschulden
```

Gattungsware	Speziesware	gewöhnliche Geldschulden
(OR 74 Abs. 2 Ziff. 3)	(OR 74 Abs. 2 Ziff. 2)	(OR 74 Abs. 2 Ziff. 1)
Wohnsitz des Waren-Schuldners (z. B. Verkäufer) bei Vertragsabschluss. Man spricht hier von Holschulden.	Ort, wo sich die Ware bei Vertragsabschluss befindet (Holschuld).	Wohnsitz des Geld-Gläubigers (z. B. Verkäufer). Man spricht hier von Bringschulden.

36. a) Basel (Geldschuld)
    b) Morges (Gattungsware)
    c) Nänikon (Speziesware)
    d) Bern (Geldschuld)

37. a) Fredy Beyeler (der Käufer). Die Transportkosten gehen zulasten des Käufers, da der Erfüllungsort für die Warenschuld Aarau ist. (OR 189 I)
    b) G. Martinelli (der Käufer). Die Verpackungskosten sind ein Teil der Transportkosten, und diese gehen gemäss OR 189 I zulasten des Käufers.
    c) Grundsätzlich kann Franz Locher die sofortige Herausgabe des Bildes verlangen (Zug-um-Zug-Geschäft gemäss OR 75).

38. Eine Forderung kann nicht mehr gegen den Willen des Schuldners auf dem Rechtswege eingetrieben werden, weil ihre Entstehung zu weit zurückliegt.

39. a) 5 Jahre (OR 128)
    b) 10 Jahre (OR 127)
    c) unverjährbar (ZGB 807)
    d) 5 Jahre (OR 128)
    e) 1 Jahr (OR 67)
    f) 20 Jahre (SchKG 149a)

40. a) Der Handwerker kann die Forderung gegen den Willen des Schuldners nicht mehr auf dem Rechtsweg eintreiben, denn sie ist verjährt. (Eine Mahnung unterbricht die Verjährung nicht, es braucht eine Betreibung durch den Gläubiger oder eine Schuldanerkennung durch den Schuldner. (OR 128 Ziff. 3, OR 135)
    b) Nach OR 63 Absatz 2 ist die Rückforderung ausgeschlossen.

41.

Sicherungsmittel	Art der Sicherheit	
	Realsicherheit	Personalsicherheit
a) Kaution (OR 257e)	X	
b) Konventionalstrafe (OR 160)		X
c) Reugeld (OR 158 Abs. 3)		X
d) Retentionsrecht (ZGB 895)	X	
e) Eigentumsvorbehalt (ZGB 715)	X	
f) Lohnzession (OR 164 + 325)		X
g) Bürgschaft (OR 492)		X
h) Faustpfand (ZGB 884)	X	
i) Grundpfand (ZGB 793)	X	

42. 1. Es muss sich um eine bewegliche Sache oder ein Wertpapier handeln.
    2. Die Forderung muss fällig sein.
    3. Der Retentionsgegenstand muss mit dem Willen des Schuldners in den Besitz des Gläubigers gekommen sein.
    4. Zwischen Forderung und Retentionsgegenstand muss ein Zusammenhang bestehen.

43. Nein. Der Zusammenhang zwischen Forderung und Retentionsgegenstand fehlt.

44. d) Ist sinnvoll.

B. Kaufvertrag

45. a) Beim Fahrniskauf? — Nach ZGB 714 geht das Eigentum bei Übergabe der Kaufsache auf den Käufer über, sofern keine besondere Abmachung besteht.

    b) Beim Grundstückkauf? — Nach ZGB 656 geht das Eigentum beim Eintrag ins Grundbuch auf den Käufer über.

46. a) Da das Eigentum gemäss ZGB 714 bei der Übergabe des Autos auf den Käufer übergeht, kann der Garagist das Fahrzeug nicht herausverlangen, sondern nur eine Geldforderung geltend machen.

    b) Der Eigentumsvorbehalt muss im Eigentumsvorbehaltsregister am Wohnort des Käufers eingetragen werden.

47.
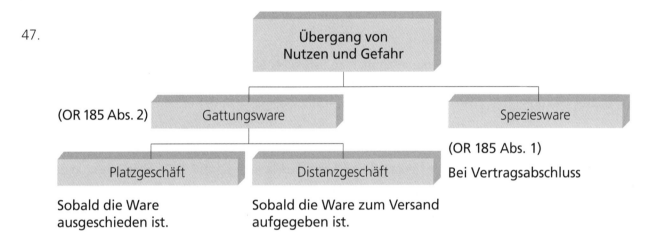

48. Bei Spezieswaren gehen gemäss OR 185 Abs. 1 Nutzen und Gefahr mit Abschluss des Vertrages auf den Käufer über, d.h., der Kunstliebhaber muss bezahlen.

49.
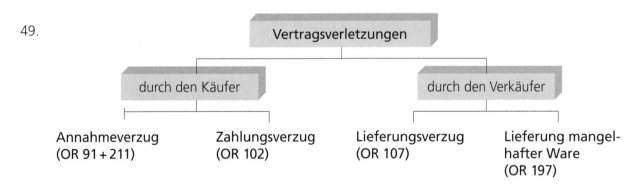

50. 1. Hinterlegen der Ware auf Kosten und Gefahr des Käufers (OR 92)
    2. Verkauf der Ware mit richterlicher Bewilligung (OR 93)

51.
Fixkauf (OR 108 Ziff. 2 + 3)	– Eine nachträgliche Lieferung ist für den Käufer unnütz, z. B Hochzeitskleid, Bratwürste für Fest.
	– Der Käufer verlangt die Lieferung zu oder bis zu einem bestimmten Zeitpunkt, z.B. hat die Lieferung bis am 20. Juni zu erfolgen.
Mahnkauf (OR 102 Abs. 1)	– Kaufvertrag ohne Liefertermin mit entscheidender Bedeutung, z.B. Lieferung in einer Woche. Der Mahnkauf ist der Normalfall.

52. a) Verzug beim Fixkauf — Mit Ablauf des Liefertermins (OR 102 Abs. 2)

    b) Verzug beim Mahnkauf — Mit Ablauf der vom Käufer mittels Mahnung gesetzten Nachfrist (OR 102 Abs. 1)

53. a) Der Früchtehändler verzichtet auf die nachträgliche Lieferung und verlangt Schadenersatz wegen Nichterfüllung (= positives Vertragsinteresse). Der Schaden beträgt nebst den Spesen Fr. 50.– (100 kg zu Fr. –.50 Mehrkosten/kg beim Deckungskauf).

    b) Der Früchtehändler tritt vom Vertrag zurück und verlangt Auslagenersatz (Spesen) (= negatives Vertragsinteresse).

    c) Der Früchtehändler beharrt auf der nachträglichen Lieferung (z. B. 3 Stunden später) und verlangt Ersatz des Verspätungsschadens (hier Ersatz für den entgangenen Gewinn, weil er drei Stunden lang keine Bananen verkaufen konnte, z. B. 30 kg zu Fr. 1.– Bruttogewinn/kg = Fr. 30.–).

54. a) Nein. Im kaufmännischen Verkehr nimmt man bei Vorliegen eines bestimmten Liefertermins gemäss OR 190 Abs. 1 ein Fixgeschäft an, und es wird vermutet, dass der Käufer auf die Lieferung verzichte.

    b) Der Verkäufer muss den Mehrpreis von Fr. 5.–/Stück gemäss OR 191 bezahlen.

55. a) Gemäss OR 102 Abs. 1 wurde der Schuldner durch die Mahnung vom 10. Oktober in Verzug gesetzt.

    b) 5% p.a. (OR 104) ab 10. Oktober (OR 102 Abs. 1)

56. a) – Prüfpflicht (OR 201)
       – Anzeigepflicht (OR 201)
       – Aufbewahrungspflicht (OR 204)

    b) Nein. Die Ausbesserung (Reparatur) ist kein gesetzliches Wahlrecht (OR 205/206). Reparatur käme in Frage, wenn beide Parteien einverstanden sind oder wenn die Garantieerklärung des Verkäufers diese Regelung ausdrücklich vorsähe.

    c) Es handelt sich um Gattungsware und um ein Platzgeschäft. Damit hat der Verkäufer das Recht, sofort fehlerfreie Ersatzware zu liefern (OR 206).

57. a) Ja. Nach OR 226c Abs. 1 hat der Käufer das Recht, innert 5 Tagen schriftlich den Verzicht auf den Vertragsabschluss zu erklären.

    b) Ja. OR 226b Abs. 1 (falls gemeinsamer Haushalt)

    c) Er ist nichtig. OR 226a Abs. 3

    d) Nach OR 226d Abs. 3 verliert der Garagist den Anspruch auf die Anzahlung.

58. ☒ Stockwerkeigentum
    ☒ Stück Land
    ☒ Haus
       (ZGB 655)
    ☐ Wohnungseinrichtung
    ☒ Bergwerk
    ☒ Selbstständige, dauernde Rechte wie Wegrecht, Wasserrecht, Baurecht

59.	Vorkaufsrecht	Ein im Grundbuch eingetragener Begünstigter kann das Grundstück anstelle anderer Kaufinteressenten erwerben.
	Kaufrecht	Recht, ein bestimmtes Grundstück zu bestimmten Bedingungen zu kaufen.
	Baurecht	Jemand erhält das Recht, auf oder unter der Bodenfläche ein Bauwerk zu errichten oder beizubehalten.

60.a)

Vertragsarten	**Hauptvorteile**
Abzahlungskauf	Bezahlung in Raten; Eigentum geht auf Ehepaar über
Kleinkredit	Wie Abzahlungsvertrag, aber keine Anzahlung nötig
Miete	Bezahlung von kleinen, gleich bleibenden Beträgen; Kündigungsmöglichkeit (z. B. wenn besseres Gerät auf dem Markt erhältlich ist)
Gebrauchsleihe	Unentgeltlich (nur möglich, sofern Eltern oder Freunde ein Gerät zu Verfügung stellen)

b) Wandelung (Rücktritt vom Vertrag, OR 205)
   Minderung (Mängelrabatt, OR 205)
   Ersatzleistung (Umtausch gegen einwandfreie Ware, OR 206)

c) Die Gewährleistung (Garantie) beträgt zwei Jahre statt nur ein Jahr. (OR 210)

C. Arbeitsvertrag

61.

Vertragsarten

- **Arbeitsvertrag**
  Einzelarbeitsvertrag,
  Lehrvertrag,
  Handelsreisenden-Vertrag

- **Werkvertrag (OR 363)**
  z.B. nach Mass anzufertigendes Möbelstück,
  Hausbau,
  Autoreparatur

- **Auftrag (OR 394)**
  z.B. Nachhilfestunde,
  Arztkonsultation,
  Rechtsberatung

62. Es besteht keine besondere Formvorschrift für den Abschluss eines Einzelarbeitsvertrages. Die übereinstimmende gegenseitige Willensäusserung der Parteien erfolgt in diesem Fall stillschweigend (OR 1 Abs. 2). Im Arbeitsrecht wird dieser Umstand durch OR 320 Abs. 2 noch verdeutlicht. Es ist also ein Arbeitsvertrag zustande gekommen, und es besteht ein Lohnanspruch.

63.

Pflichten

- **Arbeitnehmer**
  - Arbeitsleistung (Hauptpflicht)
  - Sorgfaltspflicht
  - Treuepflicht
  - Leisten von Überstunden
  - Befolgen von Anweisungen

- **Arbeitgeber**
  - Lohnzahlung (Hauptpflicht)
  - Lohnzahlung bei Krankheit, Militär, Unfall u.Ä.
  - Ausstellen eines Zeugnisses
  - Überzeitentschädigung
  - Gewährung von Freizeit und Ferien (Ferien mindestens 4 Wochen)

64. a) Arbeitgeber:
- Nicht zu den Spitzenzeiten
- Nicht zu viele Arbeitnehmer mit der gleichen Funktion gleichzeitig
- Stellvertretung muss gesichert sein
- Während Betriebsferien

Arbeitnehmer:
- Geeignete Saison (Skifahren, Badeferien)
- Schulferien Kinder
- Preiswerte Ferienreisen in der Zwischensaison
- Längere Abwesenheit bei Feiertagen (Brücke)

b) Der Arbeitgeber bestimmt den Zeitpunkt unter Rücksichtnahme auf die Interessen des Arbeitnehmers. OR 329c Abs. 2

65.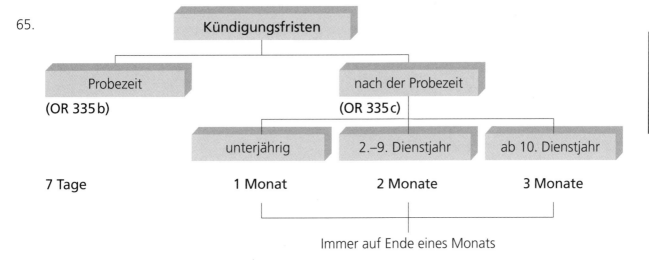

66. a) 14. Juli 20_5, OR 335b

　　b) 30. November 20_5, OR 335c

　　c) 28. Februar 20_6, OR 335a 69

67. a) Auf den 30. Juni 20_1 (OR 335c Abs.1)

　　b) Die Kündigung ist gemäss OR 336 Abs. 2 lit. a missbräuchlich. Peter Hardegger hat gemäss OR 336a Anspruch auf eine Entschädigung von höchstens sechs Monatslöhnen. Dazu muss er gemäss OR 336b bis spätestens Ende Juni bei der Meier AG schriftlich Einsprache erheben.

68. a) Die Kündigung ist gemäss OR 336c nichtig.

　　b) Die Kündigungsfrist wird gemäss OR 336c für die Dauer der Schwangerschaft und 16 Wochen nach der Niederkunft unterbrochen.

69. a) Einzelarbeitsvertrag

　　b) Für drei Wochen gemäss OR 324a Abs. 2

　　c) Nein. Im ersten Dienstjahr beträgt der Kündigungsschutz nur 30 Tage. OR 336c Abs. 1 lit. b.

　　d) Ja. Die Kündigung des Einzelarbeitsvertrages ist formlos gültig.

　　e) Das Arbeitsverhältnis wird um einen Monat verlängert. Die Kündigung als eine empfangsbedürftige Willenserklärung ist zu spät bei Karin Baumann eingetroffen, sodass die einmonatige Kündigungsfrist auf Ende April nicht mehr eingehalten wurde.

70. a) Ja. Es handelt sich um einen befristeten Einzelarbeitsvertrag gemäss OR 334 Abs. 1.

　　b) 31. Dezember 20_2. Es handelt sich gemäss OR 334 Abs. 2 um ein unbefristetes Arbeitsverhältnis, sodass sich die Kündigungsfrist nach OR 335c Abs. 1 bemisst.

　　c) Ja, sofern dies der Arbeitnehmer verlangt. OR 335 Abs. 2.

　　d) Gemäss OR 330a Abs. 1 muss sich das Zeugnis über die Art und die Dauer des Arbeitsverhältnisses sowie über die Leistungen und das Verhalten des Arbeitnehmers äussern.

71. a) – Arbeit gegen Entgelt
    – Verletzung der Treuepflicht durch Konkurrenzierung des Arbeitgebers

    b) Heinz Haller darf diese Arbeiten erledigen, da er diese unentgeltlich leistet und für seinen Arbeitgeber kein Nachteil erwächst.

72. a) – Arbeitnehmer ist handlungsfähig
    – Schriftliche Form
    – Einblick in Kundenkreis oder Geschäftsgeheimnisse wodurch bei Verwendung dieser Kenntnisse dem Arbeitgeber ein erheblicher Schaden erwachsen könnte
    – Begrenzung nach Zeit, Ort und Gegenstand

    b) Das Konkurrenzverbot ist ungültig (nichtig).

    c) Der Arbeitnehmer wird schadenersatzpflichtig (OR 340b Abs. 1).

    d) Der Arbeitgeber muss den Schaden nicht beweisen (was in der Praxis schwierig wäre), sondern nur die Vertragsverletzung.

73. Ein Gesamtarbeitsvertrag (GAV) ist ein schriftlicher Rahmenvertrag zwischen Arbeitgeber- und Arbeitnehmerverbänden. Er regelt das Arbeitsverhältnis für alle Beteiligten einheitlich und verbindlich (OR 356 ff.).

74. – Mindestlohn
    – Teuerungsausgleich
    – Überzeitentschädigung
    – Lohnanspruch bei Krankheit, Militär u. Ä.
    – Höchstarbeitszeit
    – Minimalferienanspruch
    – Kündigungsfristen

75. a) 3 Wochen (OR 324a)

    b) Gemäss OR 324a Abs. 2 ist der GAV massgebend. (Die Lösung des GAV ist besser als die obligationenrechtliche, da eine Lohnzahlung von 50% über die ganze RS-Zeit einer vollen Lohnzahlung von 8 1/2 Wochen entspricht.)

76.

Arbeitgeber	Arbeitnehmer
• Diebstahl / Veruntreuung	• Lohngefährdung
• Preisgabe von Geschäftsgeheimnissen	• Unsittlichkeiten
• Verweigerung der Arbeitsleistung	• Ehrverletzungen

Grundsätzlich liegt ein wichtiger Grund immer dann vor, wenn dem Kündigenden die Fortsetzung des Arbeitsverhältnisses nicht mehr zugemutet werden kann (OR 337 und 337a).

77. a) Ja. Ein Einzelarbeitsvertrag ist grundsätzlich formlos gültig. OR 320 Abs.1.

   b) Nein. Gemäss Bundesgesetz über die Berufsbildung (BBG 22 Abs. 6) hätte der Lehrmeister dem Lehrling spätestens drei Monate vor Ablauf der Lehrzeit (also bis 31. März 20_4) mitteilen sollen, ob er nach der Lehre im Betrieb beschäftigt werden kann oder nicht.

   c) Mit zweieinhalb Wochen. Der Ferienanspruch beträgt bis zum vollendeten 20. Lebensjahr fünf Wochen im Jahr. OR 329a.

   d) Gemäss OR 329d Abs. 2 dürfen die Ferien während der Dauer des Arbeitsverhältnisses nicht durch Geldleistungen abgegolten werden.

   e) Die ersten beiden Auswahlantworten sind richtig.

78. Der Arbeitgeber hat Anspruch auf eine Entschädigung, die einem Viertel eines Monatslohnes entspricht; ausserdem hat er Anspruch auf Ersatz für zusätzlichen Schaden (OR 337d).

D. Mietvertrag

79. a) Der Vermieter. Gemäss OR 256 Abs. 1 ist der Vermieter verpflichtet, die Sachen in einem zum vorausgesetzten Zweck tauglichen Zustand zu übergeben, und gemäss OR 259 muss der Mieter nur für kleine Reparaturen aufkommen.

b) Gemäss OR 257g hätte Hampi Derksen den Vermieter benachrichtigen müssen, und er haftet deshalb für den Schaden, der dem Vermieter infolge ausbleibender Meldung entstanden ist (d.h. 50 % der Kosten).

c) Nach 257f Abs. 1 hat der Mieter die Pflicht, das Mietobjekt sorgfältig zu behandeln. Wenn der Vermieter vom Mieter die Zahlung des Schadens verlangt, muss er allerdings beweisen, dass der Motorschaden auf die unsorgfältige Verwendung des BMW durch den Mieter zurückzuführen ist.

d) Nein. Nach OR 267 muss der Mieter den BMW in dem Zustand zurückgeben, der sich aus dem vertragsgemässen Gebrauch ergibt. Für die durch den normalen Gebrauch resultierende Verschmutzung dürfen deshalb keine Reinigungskosten verrechnet werden. Die Reinigung einer ausserordentlichen Verschmutzung, wie sie sich z. B. durch das Motocross-Fahren ergibt, könnte allerdings dem Mieter verrechnet werden.

Gemäss OR 256b trägt der Vermieter die Motorfahrzeugsteuer (öffentliche Abgabe).

80.

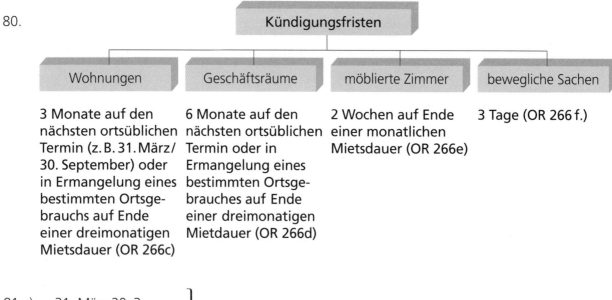

81. a) – 31. März 20_3
– 10. Februar 20_3 } OR 266c

b) Nach OR 266n muss die Kündigung beiden Ehegatten separat zugestellt werden. (Die Nichtigkeit ergibt sich gemäss OR 266o.)

82. a) – Sache übernommen
– Mietzins fällig
– mit Zahlung der Mietzinsen im Rückstand

b) «Wenn Sie den fälligen Mietzins nicht bis spätestens 10. September bezahlen, werde ich das Mietverhältnis kündigen.» (Oder ähnliche Lösung gemäss OR 257d Abs. 1.)

c) 31. Oktober (OR 257d Abs. 2)

d) OR 272a Abs. 1 lit. a

83. Grundsätzlich ist gemäss OR 262 Abs. 1 die Untermiete erlaubt. Hier liegt allerdings gemäss OR 262 Abs. 2 lit. a ein Verweigerungsgrund vor, sodass der Vermieter im Recht ist.

3. Handelsregister, Firma und Unternehmungsformen

1. Firma; Rechtsform; Sitz (Domizil); Zweck; Inhaber, Teilhaber bzw. Geschäftsleitung; Vollmachten; Kapital bei gewissen Unternehmungsformen; Datum der Eintragung

2.
Vorteile	– Firma ist geschützt – Publizitätswirkung – erhöhte Kreditwürdigkeit
Nachteile	– Buchführungspflicht (kann auch Vorteil sein) – Konkursbetreibung

3. Richtig sind:
   a (OR 554), b (OR 640), d (OR 934 und Handelsregister-Verordnung Art. 54), f (OR 835)

   Falsch sind:
   c (ZGB 52 Abs. 2), e (Ärzte, Rechtsanwälte, Kunstmaler u. Ä. sind normalerweise weder ein Handels- noch ein Fabrikations- noch ein anderes nach kaufmännischer Art geführtes Gewerbe.)

4. Im Schweizerischen Handelsamtsblatt (SHAB)

5. Privates, jährlich erscheinendes Verzeichnis mit den wichtigsten Angaben über alle im Handelsregister eingetragenen Unternehmungen.

6.
Vollmachten	Eintragungspflicht	
	Ja	Nein
a) Spezialvollmacht einer Verkäuferin, Kassaquittungen zu unterschreiben		X
b) Handlungsbevollmächtigung (i. V.)		X
c) Prokura (ppa.)	X	
d) Vollmacht eines Geschäftsführers, Direktors oder Verwalters	X	

7.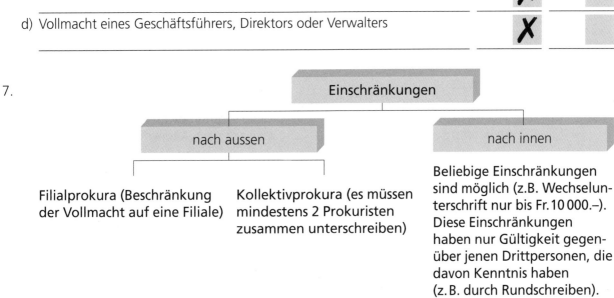

8.

	i.V.	ppa.	Dir./VR*	Inhaber/GV**
a) Alltagsgeschäfte	ja	ja	ja	ja
b) Wechsel- und Darlehensgeschäfte	nein	ja	ja	ja
c) Prozessführung	nein	ja	ja	ja
d) Grundstückkauf	nein	ja	ja	ja
e) Verkauf und Verpfändung von Grundstücken	nein	nein	ja	ja
f) Auflösung der Unternehmung	nein	nein	nein	ja

* Verwaltungsrat   ** Generalversammlung

9. Name der Unternehmung

10. Nach OR 953 Abs. 2 ist die Zustimmung des früheren Inhabers (Rinderknecht) notwendig. Die Firma muss einen Zusatz enthalten, der das Nachfolgeverhältnis zum Ausdruck bringt, und der neue Inhaber muss genannt werden. Zum Beispiel «Metzgerei Kalbermatter, Inhaber F. Rinderknecht» oder «Metzgerei Rinderknecht, vormals Metzgerei Kalbermatter».

11. a) Nach OR 946 Abs. 1 müssen sich die Firmen von Einzelunternehmungen nur am selben Ort unterscheiden, sodass die Klage von Paul Meier keine Aussicht auf Erfolg hat.

    Nach OR 951 Abs. 2 müssen sich die Firmen von Aktiengesellschaften in der ganzen Schweiz deutlich voneinander unterscheiden, sodass die neue Cerberus AG von Basel eine andere Firma wählen muss.

    b) Nach OR 945 Abs. 1 muss bei Einzelunternehmung der wesentliche Inhalt der Firma aus dem Familiennamen (mit oder ohne Vornamen) des Inhabers bestehen, sodass die Firma «Venus-Taxi» nicht möglich ist.

    c) Nach OR 944 Abs. 2 kann der Bundesrat Vorschriften für die Verwendung von nationalen Bezeichnungen bei der Firmenbildung erlassen. Er hat dies in Art. 45 der Handelsregister-Verordnung getan. Danach sind nationale Bezeichnungen nur in Ausnahmefällen zulässig. Hier würde für den kleinen Dorfbarbier sicher keine Ausnahmebewilligung erteilt.

12.
    - Unternehmungsgrösse
    - Haftung
    - Risiko
    - Kapitalbeschaffung
    - Steuerliche Belastung
    - Fortbestand
    - Unternehmungsleitung
    - Wunsch nach Anonymität

13. Kollektivgesellschaft
    Kommanditgesellschaft*
    Aktiengesellschaft
    Kommanditaktiengesellschaft*
    Gesellschaft mit beschränkter Haftung*

    (* Diese Gesellschaftsformen werden im Unterricht normalerweise nicht behandelt; Sie brauchen sie deshalb für die LAP nicht zu lernen.)

14.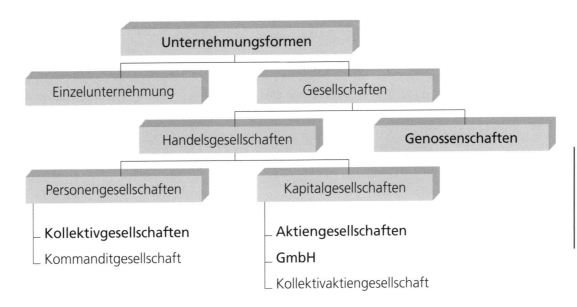

15.

Merkmale/Beispiele	Rechtsformen	
	Einzelunternehmung	Kollektivgesellschaft
Firmenbildung	Familienname des Inhabers	Familienname aller Gesellschafter oder Familienname mindestens 1 Gesellschafters mit Zusatz, der auf das Gesellschaftsverhältnis hinweist
Firmenbeispiele	Fritz Müller	Meier & Huber Meier & Co. Meiers Erben
Anzahl und Natur der Gründungsmitglieder	1 natürliche Person	mindestens 2 natürliche Personen
Gründungskapital	keine Vorschrift	keine Vorschrift
Geschäftsführung und Vertretung nach aussen	Inhaber	jeder Gesellschafter einzeln
Haftung	Inhaber haftet unbeschränkt	1. Gesellschaftsvermögen 2. Teilhaber, unbeschränkt und solidarisch
Gewinnverteilung	alles an Inhaber	nach Köpfen oder gemäss Vertrag
Eignung	kleine, überblickbare Betriebe mit beschränktem Kapitalbedarf und geringem Risiko	kleine und mittlere Betriebe ohne grossen Kapitalbedarf, geringes Risiko, Arbeitsteilung in der Geschäftsleitun

Aktiengesellschaft	Genossenschaft
freie Wahl (Phantasie-, Personenname oder Sachbezeichnung), bei Personennamen immer Zusatz AG (ausgeschrieben, wenn vor dem Personennamen stehend)	wie bei Aktiengesellschaft
Globus Sundig AG UBS Aktiengesellschaft F. Ott	Migros Volg Baugenossenschaft Zürich
mindestens 3 natürliche und/oder juristische Personen	mindestens 7 natürliche und/oder juristische Personen
mindestens Fr. 100 000.–, davon mind. 20% aber mind. Fr. 50 000.– einbezahlt	freiwillig und jederzeit veränderbar
Verwaltungsrat	Verwaltungsrat
Gesellschaftsvermögen	in der Regel nur Gesellschaftsvermögen
Reservezuweisung zwingend, Rest gemäss Statuten und GV-Beschluss (Dividenden, Tantiemen, Gewinnvortrag)	Gewinn fällt ins Genossenschaftsvermögen, gemäss Statuten oder GV-Beschluss beschränkte Ausschüttung möglich
für die meisten Zwecke geeignet, da leichtere Kapitalbeschaffung und beschränktes Risiko	für gemeinsame Selbsthilfe

16. Aktiengesellschaft, Genossenschaft

17. a) X = Fr. 80 000.– | Y = Fr. 80 000.– | Z = Fr. 80 000.– | OR 533 I

 b) X = Fr. 12 000.– | Y = Fr. 24 000.– | Z = Fr. 36 000.– | OR 533 II

 c) X = Fr. 8 000.– | Y = Fr. 16 000.– | Z = Fr. 24 000.– | OR 558 II
    (4% von Fr. 200 000.–) | (4% von Fr. 400 000.–) | (4% von Fr. 600 000.–)

18.

Generalversammlung (GV)	Verwaltungsrat (VR)	Revisionsstelle
– Beschluss über Statuten und Statutenänderungen – Wahl von Verwaltungsrat und Revisionsstelle – Jahresrechnung und Geschäftsbericht genehmigen – Gewinnverteilung beschliessen – Entlastung des Verwaltungsrates – Beschluss über Auflösung der Gesellschaft	Alle Geschäfte, die nicht ausdrücklich der GV oder der Revisionsstelle vorbehalten sind, insbesondere aber: – Oberleitung der Gesellschaft und Erteilung der nötigen Weisungen – Festlegung der Organisation – Ausgestaltung des Rechnungswesens – Ernennung und Beaufsichtigung der mit der Geschäftsführung betreuten Personen – Anzeige bei Unterbilanz und Überschuldung – Erstellung des Geschäftsberichtes	– Prüfung der Buchführung – schriftliche Berichterstattung zuhanden der GV

19.

	Verwaltungsrat OR 707 ff.	Revisionsstelle OR 727 ff.
a) Angestellter (Nichtaktionär)		
b) Aktionär (Nichtangestellter)	X	oder* X
c) Angestellter (Aktionär)	X	
d) Nichtangestellter (Nichtaktionär)		X

*Ein Verwaltungsrat kann nicht gleichzeitig in die Revisionsstelle gewählt werden und umgekehrt!

20. Eine zu grosse Verminderung des (haftenden) Vermögens durch Gewinnausschüttungen soll vermieden werden (Selbstfinanzierung).

21.

Unterbilanz
OR 725 Abs. 1

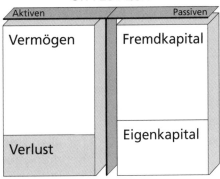

Überschuldung
OR 725 Abs. 2

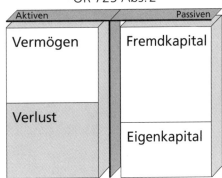

22. a) 700 (Aktiven von 400 abzüglich Passiven von 1100)

b) Den Richter benachrichtigen (OR 725 II)

23. a) 60% (Eigenkapital = Fr. 210 000.–, Gesamtkapital = Fr. 350 000.–)

b) Wahrscheinlich ist die fehlende Liquidität (Zahlungsbereitschaft) das Hauptproblem. Kurzfristigen Schulden von Fr. 60 000.– stehen nur liquide Mittel von Fr. 10 000.– und kurzfristige Forderungen von Fr. 30 000.– gegenüber (Liquiditätsstufe 2).

Zudem deuten die hohen Vorräte auf Absatzschwierigkeiten hin.

c) ☒ Erhöhung der Lieferantenkredite
☐ Amortisation von Hypotheken
☐ Ausgabe von PS
☒ Aufnahme eines Darlehens
☐ Erhöhung der Reserven durch Gewinnrückbehaltung (Selbstfinanzierung)
☒ Ausgabe einer Obligationenanleihe

d) Der Nennwert beträgt Fr. 1000.– (= Aktienkapital : 100)

e) Frau Benoit erhält pro Aktie 20% von Fr. 1000.–, d.h. Fr. 200.–.
10 Aktien zu Fr. 200.–	Fr. 2000.–
./. 35% Verrechnungssteuer	Fr. 700.–
Auszahlung	Fr. 1300.–

24. a) Ja. ZGB 60 Abs. 1

b) Es kommt gemäss ZGB 61 darauf an, ob der Verein für seinen Zweck ein nach kaufmännischer Art geführtes Gewerbe betreibt. Dies ist vielleicht am Anfang noch nicht der Fall, wäre aber denkbar, wenn der Verein wächst und vielleicht noch eine eigene Werkstatt betreibt.

c) Sobald die Statuten durch die Gründerversammlung angenommen sind (ZGB 60).

d) Sobald die Mitgliederbeiträge durch die Statuten festgesetzt sind (ZGB 71).

25. Eine Stiftung ist die Widmung eines Vermögens zu einem bestimmten Zweck (ZGB 80).

4. Wertpapiere

1.

	Aktien	Partizipations-scheine	Anleihens-obligationen
Bei welchen Unternehmungsformen kommen diese Urkunden vor?	AG	AG	bei allen Unternehmungsformen
Kreuzen Sie jene Urkunden an, die Mitgliedschaftsrechte verbriefen.	X	(in der Regel keine Mitgliedschaftsrechte)	
Wie ist das Stimmrecht geregelt?	grundsätzlich im Verhältnis der nominellen Beteiligung	kein Stimmrecht	kein Stimmrecht
Bei welchen Urkunden besteht ein Gläubiger-Schuldner-Verhältnis, und bei welchen ist der Berechtigte Teilhaber an einer Unternehmung?	Teilhaber	Teilhaber	Gläubiger-Schuldner-Verhältnis
Welche Kapitalien werden in der Bilanz der die Papiere ausgebenden Unternehmung als Eigenkapital beziehungsweise als Fremdkapital ausgewiesen?	Eigenkapital	Eigenkapital	Fremdkapital
Kreuzen Sie jene Papiere an, bei denen normalerweise eine Rückzahlung erfolgt.			X
Kreuzen Sie jene Papiere an, bei denen der Berechtigte im Konkurs der Unternehmung als Gläubiger auftritt.			X
Wie heissen die Barerträge aus diesen Papieren?	Dividenden	Dividenden	Zinsen
Kreuzen Sie jene Urkunden an, die zusätzlich zu Mantel und Couponsbogen noch einen Talon aufweisen.	X	X	
Kreuzen Sie jene Urkunde an, bei welcher der Berechtigte durch die Inflation am stärksten geschädigt wird.			X (kein Sachwert)

2.

	durch blosse Übergabe der Urkunde	durch Indossament
Anleihensobligationen	X	
Namenaktien		X
Inhaberaktien	X	
Checks		X

3. Bei vinkulierten Namenaktien wird der Erwerber nur mit Zustimmung der Aktiengesellschaft (in der Regel des Verwaltungsrates) ins Aktienbuch eintragen. Ohne diesen Eintrag hat der neue Aktionär kein Stimmrecht. Die Vinkulierung dient zum Schutz vor Übernahme oder Einflussnahme durch unerwünschte Dritte.

4.

	Anleihensobligationen	Kassenobligationen
Wer ist Schuldner?	Bund, Kantone, Gemeinden, Kraftwerke, Industrien, Banken...	Banken
Kreuzen Sie an, welche Obligationen fortlaufend stückweise ausgegeben werden.		X
Wie lange ist normalerweise die Laufzeit?	8–15 Jahre	3–8 Jahre
Kreuzen Sie jene Papiere an, die an der Effektenbörse kotiert werden können.	X	
Wie hoch sind die aktuellen Zinsfüsse?*		

* Über die gegenwärtige Höhe der Zinsfüsse können Sie sich bei den Banken oder in den Tageszeitungen informieren.

5. Fr. 50.– abzüglich 35% Verrechnungssteuer = Fr. 32.50

6.

al pari/zu pari	zum Nominalwert (Nennwert) = 100% des aufgedruckten Betrages
über pari	über dem Nominalwert
unter pari	unter dem Nominalwert
Emission	Neuausgabe von Wertpapieren
Agio	Aufgeld (der Ausgabepreis ist höher als der Nominalwert)
Disagio	Einschlag (der Ausgabepreis ist tiefer als der Nominalwert)
Kotierung	Zulassung eines Wertpapiers zum Börsenhandel und seine Aufnahme ins amtliche Kursblatt
Kraftloserklärung	Amortisation (gesetzlich vorgeschriebenes Verfahren beim Verlust von Wertpapieren)
Stückkurs	Börsenpreis von Aktien, ausgedrückt in Franken je Stück
Prozentkurs	Börsenpreis von Obligationen, ausgedrückt in Prozenten des Nominalwertes
Kassageschäft	Komptantgeschäft. Die gehandelten Wertpapiere müssen sofort nach Geschäftsabschluss geliefert und bezahlt werden.
Termingeschäft	Börsengeschäft, bei dem Abschluss- und Erfüllungsdatum auseinander fallen.
Call-Option	Recht, bis zu einem festgelegten Termin einen bestimmten Basiswert (zum Beispiel fünf Nestlé-Aktien) zu einem fixierten Preis zu *beziehen*.
Put-Option	Recht, bis zu einem festgelegten Termin einen bestimmten Basiswert (zum Beispiel fünf Nestlé-Aktien) zu einem fixierten Preis zu *liefern*.

7. a) Alle Auswahlantworten sind richtig.
   b) Richtig ist nur die letzte Auswahlantwort.
   c) Lombardkredit (Faustpfandkredit)
   d) Obligationen werden höher belehnt, weil
      – Obligationen sicherer sind als Aktien (Gläubigerpapiere)
      – die Kursschwankungen von Obligationen kleiner sind.

8. «Die beste Kapitalanlage für einige tausend Franken bei angemes-   Sparkonto
senser Verzinsung ist das ~~Kontokorrentkonto~~. Das Wertpapierspa-
ren eignet sich im Normalfall erst bei grösseren Beträgen. Für mit-
telfristige Anlagen eignen sich die Kassenobligationen; sie weisen
eine feste Verzinsung auf und können ~~jederzeit~~ an der Börse ver-   nicht
kauft werden. Bei Anleihensobligationen legt man das Geld län-
gerfristig an; dafür erhält man eine höhere ~~Dividende~~. Will man als   Zins
Geldgeber sogar ein Mitspracherecht haben, muss man ~~Partizipa-~~   Aktien
~~tionsscheine~~ erwerben, deren Kurse ~~in % des Nennwertes~~ ange-   je Stück
geben werden.»

5. Schuldbetreibung und Konkurs

1. Eintreibung von Geldforderungen durch staatlichen Zwang.

2. Richtig sind a), b), d) und e)

3.

```
                        Geldforderungen
                       /              \
                gewöhnliche          pfandgesicherte
                /        \                  |
      Schuldner      Schuldner              |
      ist nicht im   ist im                 |
      Handelsregister Handelsregister       |
      eingetragen    eingetragen            |
           |              |                 |
      Betreibung auf  Betreibung auf    Betreibung auf
      Pfändung        Konkurs           Pfandverwertung
                      /      \
          Ordentliche Betrei-  Wechsel-
          bung auf Konkurs     betreibung
```

4.
Betreibungsferien	7 Tage vor und nach Weihnachten und Ostern sowie vom 15. bis 31. Juli (SCHKG 56 Abs. 1 Ziff.2).
Rechtsstillstand	Während Militärdienst, 2 Wochen nach Todesfall in der Familie, während schwerer Erkrankung (SCHKG 57–61).

Während die Betreibungsferien allen Schuldnern in der Schweiz in gleicher Weise zugute kommen, gilt der Rechtsstillstand nur für einzelne Schuldner.

5. a) am Wohnort des Schuldners

   b) am Ort des Hauptsitzes der Aktiengesellschaft

   c) entweder am Wohnort/Hauptsitz des Schuldners oder am Ort, wo sich das Faustpfand befindet

   d) am Ort, wo sich das Grundpfand befindet

6. Meilen (Der Eintrag im Handelsregister als Prokurist führt nicht zur Betreibung auf Konkurs. Nötig wäre der Eintrag als Teilhaber einer Kollektivgesellschaft oder Inhaber einer Einzelunternehmung.)

7. Der Kostenvorschuss wird durch den Gläubiger geleistet. Die Betreibungskosten werden dem Schuldner aber belastet.

8.

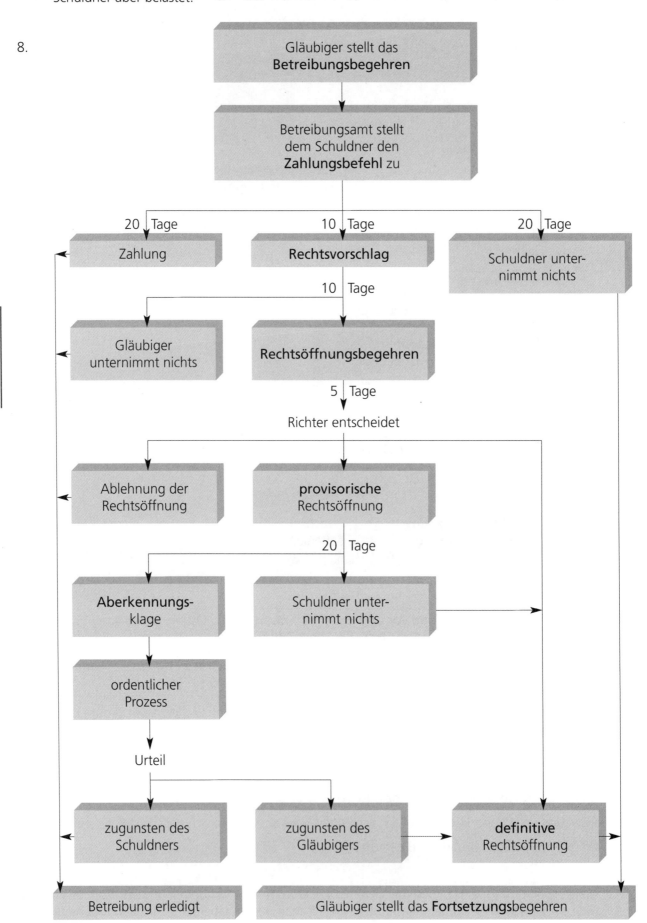

9. Einspruch gegen die Betreibung

10. – Lieferung mangelhafter Ware oder andere Mängel der Vertragserfüllung
    – falsche Rechnungsstellung
    – Forderung wird vom Betriebenen bestritten (z.B. bei Forderungen aus unerlaubter Handlung oder bei Garantieansprüchen)

11.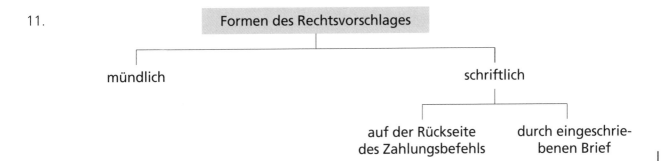

12. a) Der Gläubiger muss den ordentlichen Prozessweg beschreiten, da er keine schriftliche Schuldanerkennung hat.
    b) Der Gläubiger muss den ordentlichen Prozessweg beschreiten, da die Schuld nicht feststeht.
    c) Der Gläubiger kann eine provisorische Rechtsöffnung verlangen, da eine Schuldanerkennung vorliegt.
    d) Der Gläubiger kann eine definitive Rechtsöffnung verlangen, da ein Gerichtsurteil vorliegt.

13.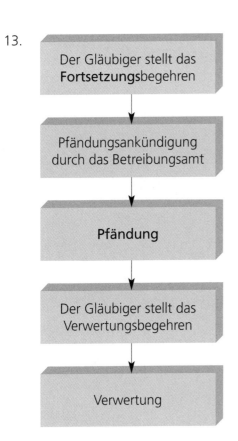

14. Da sich der Gläubiger bereits im Besitz eines Pfandes befindet, fallen das Fortsetzungsbegehren, die Pfändigungsankündigung und die Pfändung weg. Der Gläubiger kann also nach dem Einleitungsverfahren direkt das Verwertungsbegehren stellen.

15. Kompetenzstücke sind unpfändbare Gegenstände.

16. – Bett, Tisch, Stuhl, Kleider
    – Berufswerkzeuge
    – Sachen unter Eigentumsvorbehalt
    – Sachen im Eigentum Dritter (z. B. gemietete oder geborgte Sachen)

17. Das Existenzminimum

18. Dem Schuldner

19. a) = E; b) = G; c) = G; d) = E; e) = E; f) = G

20.
    - 4 Betreibungsbegehren
    - 1 Fälligkeit (einer Geldforderung)
    - 8 Fortsetzungsbegehren
    - 2 Mahnung des Schuldners durch den Gläubiger
    - 10 Pfändung
    - 9 Pfändungsankündigung
    - 7 Rechtsöffnungsverfahren
    - 6 Rechtsvorschlag
    - 11 Verwertungsbegehren
    - 13 Verlustschein
    - 12 Versteigerung
    - 5 Zahlungsbefehl
    - 3 Zahlungsverzug des Schuldners

21. a)

Erlös aus der Verwertung des Grundpfandes		Fr. 950 000.–
./. Grundpfandgesicherte Forderung der Bank AG		Fr. 850 000.–
Verwertungsüberschuss		Fr. 100 000.–
+ Liquidationserlös aus der Konkursmasse		Fr. 109 000.–
Verfügbarer Betrag vor Abzug der Konkurskosten		Fr. 209 000.–
./. Konkurskosten		Fr. 9 000.–
Verfügbarer Betrag nach Abzug der Konkurskosten		Fr. 200 000.–
./. Forderungen 1. Klasse:		
Ausstehende Löhne	Fr. 84 000.–	
Alimentenforderungen	Fr. 8 000.–	
Prämienforderungen Pensionskasse	Fr. 12 000.–	Fr. 104 000.–
./. Forderungen 2. Klasse:		
AHV-Beiträge		Fr. 10 000.–
Rest für die Gläubiger der 3. Klasse		Fr. 86 000.–
./. Forderungen 3. Klasse:		
Holzlieferant	Fr. 130 000.–	
Steuerschulden	Fr. 20 000.–	
Schulden bei der Bank AG	Fr. 77 000.–	
Honorar Rechtsanwalt	Fr. 3 000.–	Fr. 230 000.–
Verlust der Kurrentgläubiger		Fr. 144 000.–

b) Konkursdividende = $\dfrac{86\,000.-\times 100}{230\,000.-}$ = 37,4%

c) Richtig sind die Auswahlantworten 1, 2, 3, und 5.

22. a) Jede natürliche Person kann beim Gericht selber den Antrag auf Konkurseröffnung stellen, indem sie sich zahlungsunfähig erklärt. Die Insolvenzerklärung hat gegenüber dem Konkursrichter zu erfolgen und muss begründet werden.

b) Der Schuldner will sich von den immer wiederkehrenden Betreibungen auf Pfändung befreien und einen wirtschaftlichen Neubeginn ermöglichen. Gläubiger mit einem Konkursverlustschein können erst eine neue Betreibung anheben, wenn sie nachweisen, dass der Schuldner zu neuem Vermögen gekommen ist.

c) Ja. Der Richter kann eine Konkurseröffnung verweigern, wenn Aussicht auf eine Schuldenbereinigung besteht oder die Erklärung als rechtsmissbräuchlich erscheint.

23. a) Betreibung auf Konkurs

b) Opfikon

c) Rechtsvorschlag erheben

d) Kloten

e) Betreibung auf Pfändung

6. Zivilgesetzbuch

1. Sobald Sie Ihrem Partner versprechen, dass Sie ihn heiraten werden, ist das Verlöbnis begründet (ZGB 90).

2. – Geschenke, die Verlobte einander gemacht haben, können zurückgefordert werden (ZGB 91 Abs. 1).

3. Nein (ZGB 97 Abs. 3).

4. Wenn beide Ehepartner mindestens 18 Jahre alt sind (ZGB 94).

5. – nahe Verwandtschaft (ZGB 95)
   – noch verheiratet (ZGB 96)

6. a) – Erika Lang-Märki (ZGB 160 Abs. 1) oder
      – Erika Märki Lang (ZGB 160 Abs. 2)
   b) Nein. Die Ehegatten bestimmen gemeinsam die eheliche Wohnung (ZGB 162).
   c) Beide gemeinsam, zum Beispiel proportional zu ihrem Einkommen (ZGB 163).

7. a) (ZGB 196–198)

	Betrag	Eigengut		Errungenschaft	
		Mann	Frau	Mann	Frau
In die Ehe eingebrachter Schmuck der Ehefrau	10 000.–		X		
In die Ehe eingebrachte persönliche Effekten des Ehemannes	5 000.–	X			
In die Ehe eingebrachte Bankguthaben und Wertschriften: Ehemann / Ehefrau	28 000.– / 20 000.–	X	X		
Aus Frauenverdienst gebildete Ersparnisse	12 000.–				X
Erbschaft einer Liegenschaft durch den Mann	800 000.–	X			
Aus Mannesverdienst während der Ehe gekaufte Segelyacht	50 000.–			X	
Schenkung an die Ehefrau in Form von Wertschriften	100 000.–		X		

b) (ZGB 205 ff.)

	Ehemann	Ehefrau
Eigengut eingebracht ⎫ Eigengut	Fr. 33 000.–	Fr. 30 000.–
Erbschaft/Schenkung ⎭	Fr. 800 000.–	Fr. 100 000.–
½ Errungenschaft Mann	Fr. 25 000.–	Fr. 25 000.–
½ Errungenschaft Frau	Fr. 6 000.–	Fr. 6 000.–
	Fr. 864 000.–	Fr. 161 000.–

c) Bei der Errungenschaftsbeteiligung kann jeder Ehegatte sein Einkommen und Vermögen selber verwalten und nutzen; vorbehalten bleiben die Beiträge zur Bestreitung der gemeinsamen Ausgaben (ZGB 201).

8. Ein Rückschlag ergibt sich, wenn die Errungenschaftsschulden grösser sind als das Errungenschaftsvermögen. Er ist vom betroffenen Ehegatten allein zu tragen.

9. Der Güterstand hat grundsätzlich keinen Einfluss auf die Besteuerung.

10. – Sie ist ihrem Partner gegenüber nicht erbberechtigt.
    – Sie hat keine Pensionskassenansprüche bei alleiniger Erwerbstätigkeit ihres Partners.
    – Sie erhält keine Witwenrente beim Tod ihres Partners.

11.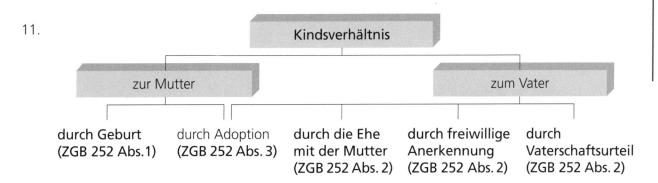

12. a) – des Vaters (ZGB 270 f.)
     – der Mutter (ZGB 270 f.)
    b) Bis zur Mündigkeit bzw. je nach Umständen bis zum Abschluss der Ausbildung (ZGB 277)

13. 1. Die Blutsverwandten (1. Kinder; 2. Eltern; 3. Grosseltern) (ZGB 457–459)
    2. Der überlebende Ehegatte (ZGB 462)
    3. Der Wohnsitzkanton (ZGB 466)

14. Ehefrau ½, Kinder je ⅙, Grosskinder je 1/12, die Eltern nichts

15. Die Kinder erhalten je ⅛ (= Fr. 30 000.–), die Grosskinder je 1/16 (= Fr. 15 000.–).

16.

```
                        Testamentsformen
        ┌───────────────────┼───────────────────┐
Öffentliches Testament   Eigenhändiges Testament    Nottestament
```

Öffentliches Testament	Eigenhändiges Testament	Nottestament
Mitwirkung einer Urkundeperson und zweier handlungsfähiger Zeugen.	Handgeschrieben und mit Unterschrift.	Ausserordentliche Umstände vor zwei Zeugen, die für Beurkundung sorgen.

17. Das Testament ist eine einseitige Erklärung des Erblassers (einseitiges Rechtsgeschäft), der Erbvertrag eine vertragliche Vereinbarung zwischen Erblasser und einem oder mehreren Erben (zweiseitiges Rechtsgeschäft).

18. a + e sind richtig.

19. a) Eigengut Frau   Fr. 30 000.– ⎫
       1/2 Errungenschaft Frau Fr. 30 000.– ⎬ Fr. 120 000.–
       1/2 Errungenschaft Mann Fr. 60 000.– ⎭

	Prozentanteil	Franken
b) Ehemann von Frau Hunziker	50%	60 000.–
Adoptivsohn	50%	60 000.–
Vater von Frau Hunziker	0%	—
c) Pflichtteil Mann	1/2 = 30 000.–	frei 30 000.–
Pflichtteil Sohn	3/4 = 45 000.–	frei 15 000.–
		frei total 45 000.–

20. a) Gattin   1/2
       Sohn   1/4
       Enkel   1/4

    b) Richtig sind die Aussagen Nr. 1 und 3; falsch sind Nr. 2, 4, 5 und 6.

21. a) Ehemann   3/4   b) Ja. Die Schwester ist nicht pflichtteilgeschützt.
       Mutter   1/8   c) Nichts. Die Schwägerin ist keine gesetzliche Erbin.
       Schwester 1/8

22. Richtig sind d, e, f, g, i und k.

23. Vgl. ZGB 641 (Eigentum) und ZGB 919 (Besitz)
    a) Besitz
    b) Besitz und Eigentum
    c) Besitz
    d) Weder Besitz noch Eigentum (nach Übergabe der Uhr)
    e) Eigentum

24. Nach ZGB 934 Abs. 1 kann er das Bild innerhalb von fünf Jahren herausverlangen. Weil aber A. Müller das Bild von einem Kunsthändler erworben hat, kann er gemäss ZGB 934 Abs. 2 den Kaufpreis zurückverlangen.

25. Nach ZGB 933 ist der gutgläubige Erwerber geschützt, wenn dem Veräusserer (Kollege) die Sache anvertraut worden ist. (Im Unterschied zu Frage 20 wurde hier die Sache anvertraut, was beim Dieb nicht der Fall war!)

7. Betrieb und Unternehmung

1. a) ☐ Der Aufwand muss immer kleiner als der Ertrag sein.
   b) ☐ Jede private Unternehmung steht in wirtschaftlicher Konkurrenz.
   c) ☒ Mit einem gegebenen Aufwand soll der grösstmögliche Ertrag erzielt werden.
   d) ☐ Langfristig kann eine Unternehmung nur überleben, wenn sie rentiert.
   e) ☒ Ein bestimmtes Ziel soll mit dem kleinstmöglichen Aufwand erreicht werden.

2.

Wirtschaftssektoren	Art der Betriebstätigkeit	Beispiele	%-Anteil an der Gesamtbeschäftigung
Primärer Sektor	Rohstoffgewinnungsbetriebe	Landwirtschaft Fortwirtschaft Bergbau Energieerzeugung	5%
Sekundärer Sektor	Fabrikationsbetriebe	Maschinenindustrie Textilindustrie Nahrungsindustrie Gewerbebetriebe	35%
Tertiärer Sektor	Dienstleistungsbetriebe	Handelsbetriebe Banken Versicherungen Gastgewerbe Verkehrsbetriebe	60%

3.
P Bauernhof	P Bergwerk	S Maschinenfabrik	T Bank
S Schokoladenfabrik	P Kakaopflanzung	T Versicherungsgesellschaft	T Hotel
T Kiosk	T Kino	S Schreinerei	P Kieswerk
T Handelsschule KV	P Fischer	T Rechtsanwaltsbüro	S Bootswerft

4.

	Private Unternehmungen	Öffentliche Unternehmungen	Gemischtwirtschaftliche Unternehmungen
a) Novartis AG	☒	☐	☐
b) Suva	☐	☒	☐
c) Mövenpick	☒	☐	☐
d) UBS	☒	☐	☐
e) Schweizerische Nationalbank	☐	☐	☒
f) SBB	☐	☒	☐
g) Swisscom	☐	☐	☒
h) Nestlé	☒	☐	☐
i) Die Post	☐	☒	☐
k) Migros	☒	☐	☐

5. Anzahl Mitarbeiter, Bilanzsumme Verkaufsumsatz, Produktionsausstoss

6. Rohstoffe
Energie
Arbeitskräfte
Boden bzw. Räumlichkeiten
Verkehrslage
Absatz (Kundennähe)
Steuern
Politische und wirtschaftliche Verhältnisse

7.
Beschaffung	Beschaffung der Produktionsfaktoren Werkstoffe und Energie, Arbeitskräfte und Kapital
Bereitstellung	Bereitstellung der Marktleistung, d.h. der Investitionsgüter, Konsumgüter oder Dienstleistungen
Absatz	Verkauf der Marktleistungen an die Kunden

8.
Produktionsfaktoren	Umschreibung	Beispiele
Arbeit	geleistete körperliche und geistige Arbeit	
Werkstoffe und Energie	Rohstoffe, Halb- und Fertigfabrikate, die in die Produktion eingehen, sowie Energie	Stahl, Wasser, elektrische Energie, Kohle, Holz
Betriebsmittel (Sach- und Fähigkeitskapital)	Produktionsmittel zur Erzeugung von Gütern und Dienstleistungen	Know-how, Computeranlagen, Werkzeuge, Liegenschaften, Mobiliar, Fahrzeuge, Maschinen

9.

```
┌─────────────────────┐              ┌─────────────────────┐
│ ökonomische Umwelt  │              │ ökologische Umwelt  │
│                     │              │                     │
│ wirtschaftliche     │──┐        ┌──│ Wechselwirkung      │
│ Rahmenbedingungen   │  │        │  │ zwischen Natur,     │
│                     │  │        │  │ Umwelt und Unter-   │
│                     │  │        │  │ nehmung             │
└─────────────────────┘  │        │  └─────────────────────┘
                         ▼        ▼
                    ┌──────────────────────┐
                    │ Unternehmungstätigkeit│
                    └──────────────────────┘
                         ▲        ▲
┌─────────────────────┐  │        │  ┌─────────────────────┐
│ technologische      │  │        │  │ soziologische Umwelt│
│ Umwelt              │──┘        └──│                     │
│                     │              │ Wohlbefinden der    │
│ technische          │              │ Angestellten und    │
│ Entwicklung         │              │ Ansehen der         │
│ und Forschung       │              │ Unternehmung        │
└─────────────────────┘              └─────────────────────┘
```

10.

	Ökonomische Sphäre	Technologische Sphäre	Soziale Sphäre	Ökologische Sphäre
a) Erstellung von Angestelltenwohnungen			X	
b) Erfindung eines neuen Medikamentes		X		
c) Bau einer Kläranlage				X
d) Umstellung der Salärabrechnung auf EDV		X		
e) Die Bergbauern werden subventioniert.	X		X	
f) Werbekampagne für Produkt X	X			
g) Reduktion der wöchentlichen Arbeitszeit ohne Lohneinbusse			X	
h) Erfindung des Abgaskatalysators		X		X
i) Aufnahme eines Kredites	X			
k) Übernahme der Zahnarztkosten durch den Betrieb			X	

11. a) Aktionäre — Angemessene Dividende
Wertsteigerung auf den Aktien
Sicherheit für das eingesetzte Kapital

b) Mitarbeiter — Gute Entlöhnung
Sicherer Arbeitsplatz
Angenehme Arbeitsbedingungen

c)	Kunden	Preiswerte Produkte (gute Qualität, günstige Preise) Fachmännische Beratung, nette Bedienung Rasche Lieferung
d)	Lieferanten	Zahlungsfähigkeit der Kunden
e)	Konkurrenz	Fairer Wettbewerb
f)	Staat	Regelmässiger Steuerzahler Soziales und ökologisches Verhalten

12. a) Die Arbeitnehmer wollen einen sicheren Arbeitsplatz, viel Lohn, mehr Ferien.
Die Aktionäre möchten eine hohe Gewinnausschüttung und eine Wertsteigerung ihrer Aktien.

b) Die Kunden wollen preisgünstige und wirkungsvolle Produkte. Umweltverträgliche Produkte haben oft einen geringeren Wirkungsgrad und sind teurer.

13. a) Wer soziale Kosten (Umweltverschmutzung, Lärm, Unfälle) verursacht, soll diese tragen müssen.

b) Mögliche Lösungsbeispiele:
   - Privatbereich, positiv: Wer den Abfall verursacht, muss dessen Entsorgung über die Sackgebühr bezahlen.
   - Privatbereich, negativ: Die Autofahrer bezahlen nichts für die von ihnen verursachte Luftverschmutzung sowie den Treibhauseffekt (globale Klimaveränderung).
   - Unternehmungsbereich, positiv: Chemische Fabriken müssen eigene Kläranlagen bauen oder Industrieabfälle mittels teurer Installationen selbst entsorgen.
   - Unternehmungsbereich, negativ: Holz- und Möbelfabriken bezahlen nichts für die verursachten Klimaveränderungen infolge Abholzung der tropischen Wälder.

14.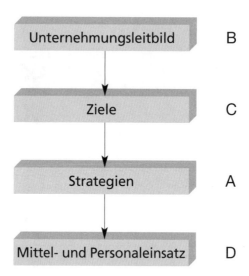

Unternehmungsleitbild — B
Ziele — C
Strategien — A
Mittel- und Personaleinsatz — D

15. a) Leistungswirtschaftliches Konzept
b) Soziales Konzept
c) Soziales Konzept
d) Finanzwirtschaftliches Konzept
e) Soziales Konzept
f) Finanzwirtschaftliches Konzept
g) Leistungswirtschaftliches Konzept
h) Finanzwirtschaftliches Konzept
i) Leistungswirtschaftliches Konzept
k) Leistungswirtschaftliches Konzept

16.

Kriterien	Strategie Handelslehrer A	Strategie Handelslehrer B
Abzudeckende Bedürfnisse	Aktuellen Geschmack und Kontaktbedürfnisse der möglichen Schüler abdecken	Lern- und arbeitswilligen Schülern bei der Prüfungsvorbereitung helfen
Anzustellende Lehrer	Umgängliche, nette Lehrer, keine Pauker, Laissez-faire-Lehrer	Wohlwollende, aber mit Bestimmtheit auftretende Lehrer, fachlich qualifiziert
Hausaufgaben	Keine	Viel
Qualität des Unterrichts	Genügend	Hoch
Klassengrösse	Grosse Klassen	Kleine Klassen
Schulgeld	Hoch	Angemessen
Gewinn	Hoch	Angemessen
Haltung gegenüber Schülern	Alle Schülerwünsche erfüllen	Konsequent fordern, Ausschluss bei ungenügenden Leistungen

17.a)

```
                    Unternehmensbereiche
        ┌──────────────────┼──────────────────┐
Leistungswirtschaftlicher  Finanzwirtschaftlicher   Sozialer
    Bereich (LB)              Bereich (FB)       Bereich (SB)

  2, 3, 5, (7), 8          1, 4, 6, 9, (10)        7, 10
```

b) Eine frühe Pensionierung verursacht höhere Lohnkosten (Rentenzahlungen).
Entweder wird der Gewinn an die Aktionäre ausbezahlt, oder er wird von der Unternehmung in Form von Reserven (Selbstfinanzierung) zurückbehalten.

18.

Aussage	Produktziel	Marktziel
1. Wir wollen das führende Reisebüro in Seldwyla für Südamerika-Individualreisen sein.		X
2. Wir bieten eine fachmännische, auf die Kundschaft zugeschnittene Beratung an.	X	
3. Wir informieren uns laufend über die günstigen Flugverbindungen.	X	
4. Wir wollen Marktleader für Graumarktbillette in der Region sein.		X
5. Unsere Spezialität sind Individualreisen und Reisen in Kleingruppen.	X	
6. Beim Verkauf von Pauschalreisen grosser schweizerischer Reisebüros wollen wir in Seldwyla einen Marktanteil von 50% erreichen.		X
7. Wir wenden uns vor allem an junge Kunden.		X
8. Wir verzichten auf Vorauszahlungen bei der Buchung von Reisen.	X	
9. Der Umsatz soll in den nächsten fünf Jahren um 20% p.a. steigen.		X

19.

Kriterien	Varianten		
	oberirdische Autobahn	unterirdische Autobahn	keine Autobahn
Baukosten	–	– –	+ +
Unterhaltskosten	–	– –	+ +
Verkehrssicherheit	+ +	+	–
Lärm- und Luftbelastung – auf der bisherigen Strasse – im Gebiet der Autobahn	+ – –	+ 0	– + +
Intakte Natur/Landverbrauch	– –	+	+ +
Entlastung der Dörfer vom Durchgangsverkehr	+	+	–
Transportzeiten und -wege fürs Gewerbe	+ +	+ +	– –
Arbeitsweg	+ +	+ +	–
Arbeitsplätze im Baugewerbe	+ +	+ +	– –
Bodenpreisentwicklung aus der Sicht der Mieter	–	–	0
Verkehrsaufkommen	–	–	0

Je nach Wahl der Kriterien und der Bewertung der Varianten werden Sie zu einem anderen Schluss kommen.

20.

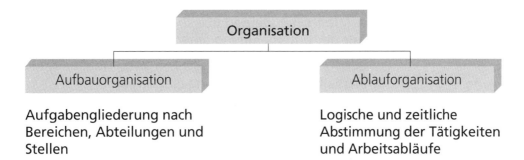

Aufbauorganisation: Aufgabengliederung nach Bereichen, Abteilungen und Stellen

Ablauforganisation: Logische und zeitliche Abstimmung der Tätigkeiten und Arbeitsabläufe

21. a) Organigramm — Schematische Darstellung des Unternehmungsaufbaus
    b) Kontrollspanne — Anzahl direkt unterstellter Mitarbeiter
    c) Stabsstelle — Stelle mit planerischer, beratender oder überwachender Funktion ohne Weisungsbefugnis
    d) Linienstelle — Stelle, die Befehle entgegennimmt und Weisungen an untergeordnete Instanzen erteilt
    e) Weisungsbefugnis — Recht, an untergeordnete Stellen Weisungen zu geben
    f) Hierarchie — Rangordnung bzw. Über- und Unterordnung der Angestellten
    g) Dienstweg — Verkehrsweg von oben nach unten oder umgekehrt in der Stellenhierarchie

22. Dienstweg, Stabsstelle, Profit-Center-Prinzip, Kontrollspanne

23.

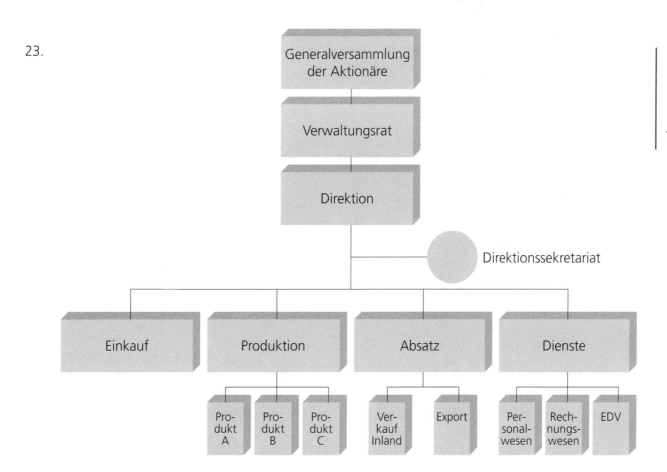

24.
Information	Die Mitarbeiter werden über bedeutsame Tatsachen, Ereignisse und Pläne der Unternehmung unterrichtet.
Mitsprache	Der Mitarbeiter hat die Möglichkeit, in den Meinungsbildungsprozess innerhalb der Unternehmung einzugreifen.
Mitbestimmung	Der Mitarbeiter bzw. der Personalvertreter nimmt an den Beratungen und Abstimmungen zur Entscheidungsfindung teil.
Selbstbestimmung	Der Arbeitnehmer hat das Recht, in bestimmten Fragen ohne Mitsprache des Arbeitgebers Entscheide zu fällen.

25. Die Mitarbeiter werden angeregt, Verbesserungsvorschläge einzureichen. Gute Vorschläge werden prämiert.

26.
Leistungslohn	Die individuelle Leistung des Arbeitnehmers wirkt sich direkt auf die Lohnhöhe aus.
Provision	Neben dem Grundlohn wird noch ein bestimmter Prozentsatz auf dem erzielten Umsatz vergütet.
Zeitlohn	Der Arbeitnehmer wird aufgrund seiner Präsenzzeit entlöhnt.
Akkordlohn	Für jedes brauchbare produzierte Stück wird ein bestimmter Geldbetrag vergütet.
Erfolgsbeteiligung	Neben dem Grundlohn erhält der Mitarbeiter einen bestimmten Anteil am Gewinn.
Prämienlohn	Überschreitet die Leistung die von der Unternehmung festgelegte Norm, wird dem Arbeitnehmer neben dem Grundlohn noch eine entsprechende Zulage ausbezahlt.

27. Beim Prämienlohn ist ein Grundlohn garantiert, der auch bei schlechter Leistung nicht unterschritten werden kann.

28. Vom Bruttolohn werden die Sozialleistungsbeiträge für AHV, IV, EO, ALV, Pensionskasse, Nichtbetriebsunfall u.a. abgezogen. Der verbleibende Rest ist der Nettolohn.

29.
① Die Verkaufsprovision ist eine Art **Leistungslohn.**

② Das Pflichtenheft ist ein Teil von **einer Stellenbeschreibung.**

③ Aufgaben, **Kompetenzen** und Verantwortung müssen sich decken.

④ Eine Übersicht über den Aufbau einer Unternehmung heisst **Organigramm.**

⑤ Eine befolgungsverpflichtete und weisungsberechtigte Instanz nennt man **Linienstelle.**

30.a)

Kennzahl	Formel	Unternehmung A	B	C
Fremdfinanzierungsgrad	$\frac{\text{Fremdkapital} \times 100}{\text{Gesamtkapital}}$	56%	83%	40%
Liquiditätsgrad 2	$\frac{(\text{Liquide Mittel} + \text{Forderungen}) \times 100}{\text{Kurzfristiges Fremdkapital}}$	115,6%	49,3%	175%
Anlagedeckungsgrad 2	$\frac{(\text{Eigenkap.} + \text{langfrist. Fremdkap.}) \times 100}{\text{Anlagevermögen}}$	178,9%	134,8%	200%

b) Die Unternehmung A verfügt über eine gesunde Finanzierung und Liquidität. (Die Zahlen stammen aus Volkart, Rudolf: Finanzielle Führung in der Rezession. Sie entsprechen dem Durchschnitt von 30 grossen Schweizer Unternehmungen.)

Die Bilanz B zeigt das Bild einer rezessionsgeschwächten Unternehmung: Die Liquidität ist zu tief und die Verschuldung (vor allem die kurzfristige) zu hoch, die hohen Debitorenbestände weisen auf einen schleppenden Zahlungseingang seitens der Kunden hin, und die grossen Lagerbestände signalisieren Absatzschwierigkeiten.

Die Unternehmung C ist eher überkapitalisiert: Die Unternehmung ist zwar gemäss Bilanz sehr sicher, aber die Eigenkapitalrentabilität dürfte infolge der zu grossen Liquidität und des hohen Eigenfinanzierungsgrades sehr bescheiden sein. (Möglicherweise ist der Eigenfinanzierungsgrad zu Recht so hoch, weil die Unternehmung sehr risikoreiche Geschäfte pflegt. Auch die hohe Liquidität könnte absichtlich bereitgestellt worden sein, da die Unternehmung C eine andere Unternehmung aufkaufen will oder eine andere grössere Investition bevorsteht.)

31. a) Beispiele für sehr anlageintensive Unternehmungen: Kraftwerk, Transportunternehmung (SBB, Swissair…), Hotel
Fabrikationsbetriebe sind weniger anlageintensiv als die obigen Beispiele, aber anlageintensiver als Handelsbetriebe.

b) Das Anlagevermögen muss abgeschrieben werden.
Das im Anlagevermögen investierte Kapital muss verzinst werden.

c) Tendenziell können Unternehmungen mit hoher Anlageintensität weniger flexibel auf Veränderungen auf den Märkten reagieren. Wird beispielsweise ein Hotel an einem bestimmten Ort gebaut, kann dieses nicht disloziert werden, wenn sich herausstellt, dass die Touristen ein anderes Gebiet bevorzugen. Oder das einmal gebaute Eisenbahnnetz kann nicht von heute auf morgen verlegt werden, wenn infolge veränderter Siedlungsstrukturen und Produktionsstandorten neue Transportbedürfnisse entstehen.

32. Langfristig investiertes Vermögen (Anlagevermögen) sollte langfristig finanziert sein (mit Eigenkapital oder langfristigem Fremdkapital), d.h., die Festigkeiten sollten übereinstimmen (Fristenkongruenz). Die Anlagedeckungsgrade I und II geben darüber Auskunft.

33.

```
                          ┌─────────────────────┐
                          │  Anschaffung Fähre  │
                          └─────────────────────┘
                              (+)         (+)
                               ↓           ↓
                    ┌──────────────┐   ┌──────────────────┐
                    │  Selbstkosten │   │ Transporteinnahmen│
                    └──────────────┘   └──────────────────┘
         (−) (−)          (−)   (+)                      (−) (+)
                               ↓   ↓
                          ┌─────────────┐
                          │  Reingewinn │
                          └─────────────┘
                           (+)        (0)*
                                              (+)
                            ↓                   ↓
              ┌────────────────────────┐   ┌──────────────────┐
              │  Eigenfinanzierungsgrad │   │ Liquiditätsgrad 2│
              └────────────────────────┘   └──────────────────┘
                    ↓                                    ↓
         ┌──────────────────────┐            ┌──────────────────┐
         │  Anlagedeckungsgrad 1│            │  Anlageintensität│
         └──────────────────────┘            └──────────────────┘
```

* Die Gewinn*erzielung* hat keinen direkten Einfluss auf die Liquidität, erst die Gewinn*ausschüttung*.

34. a) Unter Rentabilität versteht man das Verhältnis in Prozenten zwischen Gewinn (eventuell plus Zins) und eingesetztem Kapital.

b) Unter Liquidität versteht man die Zahlungsbereitschaft, d.h. die Fähigkeit einer Unternehmung, ihre Verpflichtungen zahlen zu können.

c) Wenn zur Erhöhung der Rentabilität alles Geld gewinnbringend angelegt wird, steht es nicht mehr für die Zahlung von Verbindlichkeiten zur Verfügung.

d) Der Vergleich ist zutreffend: Ist bei einer Unternehmung die Liquidität nicht mehr gewährleistet, erleidet sie rasch Konkurs (wie beim Mensch ohne Atmung nach drei Minuten die ersten Hirnschäden auftreten). Die Rentabilität ist allerdings (wie die Nahrung) auch notwendig, aber man kann ohne sie länger existieren.

35. a) Place (Vertriebskanal)

b) Promotion (Werbung)

c) Product (Das Produkt soll ein Markenartikel sein.)

d) Price (Preispolitik)

e) Product (Form und Verpackung des Produktes)

f) Price (Preisgestaltung für den Wiederverkäufer)

36.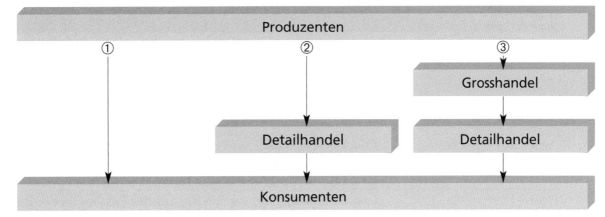

37. Alle sind richtig ausser e.

8. Banken

1.
Aktive Kreditgeschäfte	sind Bankgeschäfte, welche die auf der Aktivseite der Bankbilanz stehenden Ausleihungen betreffen. Die Bank wird durch Kreditvergabe zur Gläubigerin.
Passive Kreditgeschäfte	sind Bankgeschäfte, welche die auf der Passivseite der Bankbilanz stehenden Fremdgelder der Bank betreffen. Die Bank wird durch die Entgegennahme von Geldern zur Schuldnerin.
Indifferente Bankgeschäfte	sind Bankgeschäfte, die keinen direkten Niederschlag in der Bankbilanz finden.

2.

	Aktive Kreditgeschäfte	Passive Kreditgeschäfte	Indifferente Bankgeschäfte
a) Entgegennahme von Sparheftgeldern		X	
b) Vermietung eines Tresorfachs			X
c) Gewährung eines Baukredites	X		
d) Wechseln von fremden Währungen (Change)			X
e) Börsenauftrag erledigen			X
f) Salärkonto mit Haben-Überschuss		X	
g) Verkauf von Reisechecks			X
h) Gewährung eines Kleinkredits	X		
i) Anlageberatung			X
k) Ausgabe von Kassenobligationen		X	
l) Entgegennahme von Festgeldern		X	
m) Steuerberatung			X
n) Ausführung eines Vergütungsauftrages			X
o) Gewährung eines Hypothekarkredites	X		

3.

	Rentabilität	Liquidität	Sicherheit
Sparheft Sparkonto	tief, da bescheidener Zinsfuss	beschränkt (Rückzugsmöglichkeiten Fr. 10 000.– bis 25 000.– je Monat)	sehr hoch, da Konkursprivileg bis Fr. 30 000.– und evtl. auch Staatsgarantie (z.B. Kantonalbanken)
Salärkonto Privatkonto und Ähnliches	tiefer als Sparkonto	beschränkt (Rückzugsmöglichkeiten etwa Fr. 50 000.– im Monat); geeignet für laufenden Zahlungsverkehr	sehr hoch, da Konkursprivileg bis Fr. 30 000.– und evtl. auch Staatsgarantie (z.B. Kantonalbanken)
Kassenobligationen	etwa 1–2% höher als Sparheft	im Prinzip auf ganze Laufzeit fest	keine besonderen Sicherheiten (ausser einer allfälligen Staatsgarantie)
Anleihensobligationen	sollte leicht höher sein als bei Kassenobligationen	in der Regel börsengängig (und daher leicht verkäuflich)	keine besonderen Sicherheiten (ausser einer allfälligen Staatsgarantie)
Aktien	sehr unterschiedlich und schwankend	oft börsengängig (aber oft grössere Kursschwankungen)	geringer als bei Obligationen (da Teilhaberpapier)
Edelmetalle Diamanten	kein laufender Ertrag	jederzeit verkäuflich (aber oft grössere Kursschwankungen)	relativ wertbeständig, auch in Krisenzeiten
Mehrfamilienhaus	unterschiedlich, beliebt wegen Wertsteigerung (Inflation, Bodenverknappung), hoher Leerwohnungsbestand drückt Rendite	das eingesetzte Kapital ist fest gebunden	sehr gut (Realwert)

4.

	Welche Personen werden ausser dem Kreditnehmer verpflichtet?	Welche Realsicherheit besteht?
Blankokredit	keine	keine
Kleinkredit	in der Regel keine	keine
Bürgschaftskredit	der Bürge (oder mehrere Bürgen)	keine
Faustpfandkredit (Lombardkredit)	keine	vertretbare Sachen (Wertpapiere, Lebensversicherungspolicen, Edelmetalle)
Grundpfandkredit (Hypothekarkredit)	keine	Liegenschaft

5. Das Faustpfand ist eine Realsicherheit (eine Sache). Bei der Bürgschaft ist nicht sicher, ob der Bürge zahlen kann, wenn der Hauptschuldner nicht zahlt.

6. Der Schuldner könnte das Pfand verkaufen oder mehrfach verpfänden.

7. Die Obligationen haben kleinere Kursschwankungen. Sie sind auch sicherer (Gläubigerpapiere) und werden am Ende der Laufzeit zurückbezahlt, womit der Kredit getilgt werden kann.

8. 1. Mahnung des Schuldners

    2. Pfandverwertung

    - Sofern in der Faustpfandverschreibung ein freihändiges Verkaufsrecht der Bank schriftlich abgemacht ist, kann die Bank die Wertpapiere verkaufen (in der Regel an der Börse).
    - Sonst: Betreibung auf Pfandverwertung einleiten.

    3. Ein allfälliger Verwertungsüberschuss (der Pfanderlös ist grösser als die Forderung der Bank) muss dem Schuldner ausbezahlt werden.

    NB: Der Gläubiger (die Bank) darf das Pfand auf keinen Fall einfach für sich behalten!

9. Der Bürge (= Nebenschuldner) kann schon nach erfolgloser Mahnung des Hauptschuldners belangt werden.

10.

Art der Bürgschaft	Formvorschrift
alle Bürgschaften	Schriftlichkeit, Angabe des Höchstbetrages (Art. 493, Abs. 1 OR)
Bürgschaften unter Fr. 2000.– natürlicher Personen	eigenschriftliche Angabe (von Hand) des Höchstbetrages und einer allfälligen Solidarhaftung (Art. 493, Abs. 2 OR)
Bürgschaften über Fr. 2000.– natürlicher Personen	öffentliche Beurkundung (Art. 494, Abs. 2 OR)
verheiratete Bürgen	schriftliche Zustimmung des Ehegatten (Art. 494, Abs. 1 OR)

11. Nichtigkeit (Der Bürgschaftsvertrag entsteht gar nicht.)

12. a) ☐ Grundpfandkredit ☒ Lombardkredit
    ☐ Passives Kreditgeschäft ☒ Debitorenkontokorrent
    ☐ Konsumkredit ☐ Kundengelder
    ☒ Faustpfandkredit ☒ Produktivkredit
    ☐ Indifferentes Bankgeschäft ☐ Festgeld
    ☐ Fester Vorschuss ☐ Blankokredit

   b) – Es existiert eine Kreditvereinbarung.
      – Kunde und Bank haben sich geeinigt (→ gegenseitige übereinstimmende Willensäusserung).
      – Jede Vertragspartei hat Pflichten und Rechte.

   c) Damit auch allfällige Verzugszinsen und Betreibungskosten gedeckt sind.

13. Durch den Eintrag im öffentlichen Grundbuch.

14. Weil eine Hypothek im 1. Rang bei einer Pfandverwertung zuerst zurückbezahlt wird, also mehr Sicherheit bietet.

15. Hypothekarzinsfusserhöhungen haben normalerweise eine Erhöhung der Mietzinsen zu Folge. Kosteneinsparungen der Vermieter bei Hypothekarzinsfusssenkungen werden nicht immer an die Mieter weitergegeben.

16. a) Am günstigsten käme es, wenn er das Salärkonto überziehen könnte. Sonst kommt am ehesten ein Kleinkredit (Blankokredit) in Frage. Der kaufmännische Angestellte könnte das Auto auch leasen.

    b) Hypothekarkredit

    c) Kontokorrentkredit als Blankokredit

    d) Kontokorrentkredit als Lombardkredit

    e) Fester Vorschuss (Darlehen) als Bürgschaftskredit (Vater ist Bürge)

17. Je höher das Risiko ist.
    Je höher das Kapital ausgeliehen wird.

18. a) Sicherheit/Bonität des Schuldners (hier Mathias Zimmermann)
       Laufzeit des Darlehens
       Zinsniveau auf dem Kapitalmarkt

    b) Das Darlehen ist jederzeit kündbar mit einer Kündigungsfrist von 6 Wochen (OR 318).

    c) Zinstermin
       Rang der Hypothek (1. oder 2.)
       Hypothekarzinsfuss bei welcher Bank

19. a) Nach ZGB 894 ist jede Abrede, wonach das Pfand bei Nichtbezahlung dem Gläubiger gehören soll, ungültig. Deshalb ist der letzte Satz der Faustpfandverschreibung nichtig.

    b) Die Verpfändung eines Autos ist unüblich, weil
       – nach OR 884 Abs. 1 das Pfand dem Pfandgläubiger übergeben werden muss,
       – ein Auto rasch an Wert verliert.

9. Versicherungen

1. Eine möglichst grosse Anzahl von Menschen, die gleichartigen Gefahren (Risiken) ausgesetzt ist, schliesst sich zu einer Risikogemeinschaft zusammen. Aus den Versicherungsprämien aller wird den von dem schädigenden Ereignis tatsächlich Betroffenen geholfen (Solidarität).

2.

Personenversicherungen	Sachversicherungen	Vermögensversicherungen
Lebensversicherung	Hausratversicherung (gegen Feuer, Wasserschaden, Glasbruch, Einbruch und Diebstahl)	Haftpflichtversicherung
Unfallversicherung		
Krankenversicherung		
AHV	Gebäudeversicherung (gegen Feuer, Wasserschaden und Glasbruch)	
IV		
Pensionskasse	Motorfahrzeug-Kaskoversicherung (als Voll- oder Teilkaskoversicherung)	
	Reisegepäckversicherung	
	Transportversicherung	

3. AHV, IV, EO, ALV, Unfallversicherung für Arbeitnehmer, Gebäudeversicherung gegen Feuer, Motorfahrzeug-Haftpflichtversicherung

4. Art der Versicherung
Versicherungsgeber
Versicherungsnehmer
Versicherungsgegenstand (versicherte Person bzw. Sache)
Versicherte Risiken
Art und Höhe der Versicherungsleistungen
Prämie (Verfall und Zahlungsbedingungen)
Beginn und Dauer des Versicherungsschutzes

5. Der Versicherungsschutz erlischt nicht sofort. Kommt der Versicherungsnehmer binnen vier Wochen seiner Zahlungspflicht nicht nach, so muss die Versicherungsgesellschaft den Versicherungsnehmer mahnen und ihn auf die Folgen aufmerksam machen sowie eine letzte Zahlungsfrist von 14 Tagen ansetzen. Erst nach Ablauf dieser zusätzlichen Zahlungsfrist setzt dann der Versicherungsschutz aus.

6.

	1. Säule Deckt den Existenzbedarf.	2. Säule Ermöglicht die Fortsetzung der gewohnten Lebenshaltung	3. Säule Dient zur Deckung persönlicher Wünsche.
Bezeichnung der Vorsorgeeinrichtung	AHV	Pensionskasse	privates Sparen (z.B. bei Banken oder durch Lebensversicherungen)
Träger der Vorsorgeeinrichtung	öffentlich-rechtliche Trägerschaft	Pensionskasse	Private, Lebensversicherungsgesellschaften u.Ä.
Obligatorisch oder freiwillig?	obligatorisch	obligatorisch	freiwillig
Kapitaldeckungs- oder Umlageverfahren?	Umlageverfahren (Renten werden weitgehend aus laufenden Versicherungsbeiträgen finanziert)	Kapitaldeckungsverfahren (Renten werden aus gesparten Prämienzahlungen bezahlt)	

7. Minimum: Fr. 1030.–, Maximum: Fr. 2060.– (Stand 2001)

8. Die AHV-Beiträge werden proportional zum Arbeitsverdienst einbezahlt. Ein Grossverdiener zahlt also sehr viel Prämien ein. Er erhält aber höchstens doppelt soviel AHV-Rente wie ein Kleinverdiener, der vielleicht zehnmal weniger AHV-Beiträge einbezahlt hat.

9. EO heisst ausgeschrieben Erwerbsersatz-Ordnung. Alle Dienstpflichtigen, die in der Armee Militärdienst oder Zivilschutzdienst leisten, haben Anspruch auf eine Erwerbsausfallentschädigung (Lohnausgleich).

10.

Name der Versicherung	versicherte Ereignisse	Leistungen der Versicherung	Obligatorisch?	Wer bezahlt die Prämie?
Berufsunfall-Versicherung	B	Heilungskosten, Verdienstausfall, bestimmte Beträge bei Tod/Invalidität	ja	Arbeitgeber
Nichtberufsunfall-Versicherung	D	wie bei Berufsunfall-Versicherung	ja	in der Regel der Versicherungsnehmer
Kranken-Versicherung	K	Heilungskosten, evtl. Krankengeld, relativ bescheidene Beträge (im Vergleich zu Unfall) bei Tod/Invalidität	ja	Versicherungsnehmer
IV	M	Renten, Wiedereingliederungskosten (Umschulung u.Ä.)	ja	je ½ Arbeitnehmer und -geber
Hausrat- und Mobiliar-Versicherung	A	Ersatz zum Neuwert	nein	Versicherungsnehmer
Diebstahl-Versicherung	E	Ersatz zum Neuwert	nein	Versicherungsnehmer
Haftpflicht-Versicherung	C	Bezahlung von Schadenersatzansprüchen Dritter	nein (aber empfehlenswert)	Versicherungsnehmer
Motorfahrzeug-Haftpflicht-Versicherung	G	Bezahlung von Schadenersatzansprüchen Dritter	ja	Versicherungsnehmer
Motorfahrzeug-Vollkasko-Versicherung	I	1. Reparatur 2. Ersatz zum Zeitwert	nein	Versicherungsnehmer
Motorfahrzeug-Teilkasko-Versicherung	F	1. Reparatur 2. Ersatz zum Zeitwert	nein	Versicherungsnehmer
ALV	L	Teil des früheren Lohnes, Umschulungskosten	für unselbstständig Erwerbende ja	je ½ Arbeitnehmer und -geber
EO	H	Teil des Lohnausfalles	ja	je ½ Arbeitnehmer und -geber

61

11. ☒ Sachversicherung ☐ Vermögensversicherung
    ☐ Staatliche Versicherung ☒ Privatversicherung
    ☐ Zeitwertversicherung ☒ Neuwertversicherung
    ☐ Obligatorische Versicherung ☒ Freiwillige Versicherung

12. a) Die Motorfahrzeug-Haftpflichtversicherung von Peter Meier (diese ist obligatorisch).
    b) Die Vollkaskoversicherung von Peter Meier (sofern er eine abgeschlossen hat).
    c) Peter Meier muss höhere Motorfahrzeughaftpflicht-Versicherungsprämien bezahlen (Bonus sinkt bzw. Malus steigt).
    d) Die Versicherungsgesellschaft kann auf den Schadenverursacher zurückgreifen, wenn ihn ein grobes Verschulden trifft (z.B. Überfahren des Rotlichts in angetrunkenem Zustand).

13.

	Überversicherung	Unterversicherung	Doppelversicherung
Versicherungssumme	z.B. Fr. 80000.–	z.B. Fr. 25000.–	2 x Fr. 50000.–
Versicherungsleistung nach Zimmerbrand mit Fr. 30000.– Schaden	Fr. 30000.–	Fr. 15000.– (50% von Fr. 30000.–)	Fr. 30000.–
Beurteilung	trotz hoher Prämie keine Mehrleistung der Versicherungsgesellschaft	tiefere Prämie, dafür unvollständige Risikodeckung	doppelte Prämie nützt wegen der Anzeigepflicht gegenüber den Versicherungsgesellschaften nichts

14. Versicherungsleistung = 66²/₃% von Fr. 15 000.– (Unterversicherung)   10 000.–
    ./. Selbstbehalt = ½% von Fr. 50 000.–   250.–
    + Aufräumarbeiten   150.–
    Auszahlung   9 900.–

15. Eine Versicherung für Versicherungsgesellschaften zur Deckung grosser Risiken (Risikoausgleich).

16. AHV, IV, EO, ALV, Pensionskasse, NBU (Nichtberufsunfall-Versicherung)

17. 1. Risiken erkennen, abschätzen   A
    2. Risiken vermeiden, vermindern   C, E
    3. Risiken versichern   D
    4. Risiken selber tragen   B

18. a) ☐ Motorfahrzeughaftpflicht-Versicherung
    ☐ AHV/IV/EO
    ☐ ALV
    ☒ Hausratversicherung
    ☒ Privathaftpflicht-Versicherung
    ☐ Nichtberufsunfall-Versicherung
    ☐ Berufsunfall-Versicherung
    ☐ Krankenversicherung (Krankenkasse)
    ☒ Reisegepäck- und Annullatioskosten-Versicherung
    ☒ Rechtsschutz-Versicherung
    ☒ Motorfahrzeug-Kaskoversicherung
    ☒ Lebensversicherung
    ☐ Berufliche Vorsorge (Pensionskasse)
    ☒ Dritte Säule

b) Aufgrund des hohen Risikos (Schadenhöhe) ist die Privathaftpflicht-Versicherung dringend zu empfehlen.

10. Steuern

1.

	Direkte Steuern (Das sind Steuern auf Einkommen und Vermögen natürlicher Personen bzw. auf Ertrag und Kapital juristischer Personen)	Indirekte Steuern (Diese Steuern nehmen in der Regel keine Rücksicht auf die wirtschaftliche Leistungsfähigkeit des Steuerpflichtigen)
Bund	direkte Bundessteuer (früher Wehrsteuer)	Mehrwertsteuer (MWSt) Zölle/Zollzuschläge Verrechnungssteuer Stempelsteuer Tabaksteuer/Alkoholsteuer
Kanton	Staatssteuer	Motorfahrzeugsteuer Handänderungssteuer Grundstückgewinnsteuer * Hundesteuer Erbschaftssteuer Schenkungssteuer
Gemeinde	Gemeindesteuer (inkl. Kirchensteuer)	

* Diese Erträge werden in der Regel zwischen dem Kanton und den Gemeinden aufgeteilt.

Betragsmässig gewichtig sind beim Bund die indirekten und bei den Kantonen die direkten Steuern.

2. MWSt
Direkte Bundessteuer
Zölle/Zollzuschläge
Verrechnungssteuer
Stempelsteuer

3. Jedes öffentliche Gemeinwesen (Bund, Kantone, Gemeinden) erfüllt wichtige Aufgaben (z. B. Strassenbau, Schulwesen, Armee, Umweltschutz, Soziales), die im Interesse der Allgemeinheit liegen. Zur Finanzierung dieser Aufgaben braucht der Staat Geld, das er sich vorwiegend mittels Steuern beschafft.

4. Die Verrechnungssteuer wird erhoben auf Dividenden und Zinsen (Zinsen auf Sparkonten sind bis Fr. 50.– verrechnungssteuerfrei) sowie auf Geldtreffern von mehr als Fr. 50.– aus Lotterien.

5.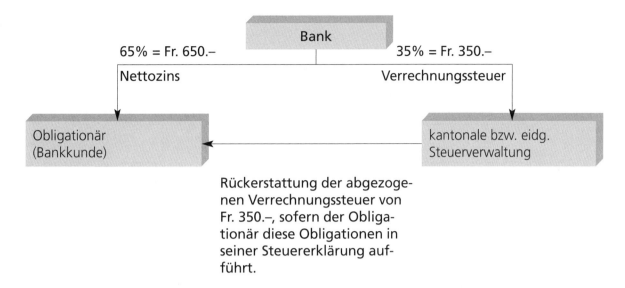

Rückerstattung der abgezogenen Verrechnungssteuer von Fr. 350.–, sofern der Obligationär diese Obligationen in seiner Steuererklärung aufführt.

6. Sie bezweckt vor allem die Verhinderung der Steuerhinterziehung.

7. a) ☒ Gutschrift von Fr. 30.– Zins auf einem Gehaltskonto.
   ☒ Gewinn im Zahlenlotto von Fr. 375.–
   ☐ Gutschrift von Fr. 5000.– für eine fällige Kassaobligation auf dem Sparkonto.
   ☒ Dividende von Fr. 120.– aus der Beteiligung an einer schweizerischen Versicherungsgesellschaft.
   ☐ Gutschrift von Fr. 15.30 Jahreszins auf einem Namensparheft.
   ☐ Zahlung des Hypothekarzinses von Fr. 6600.– an eine Raiffeisenbank.

   b) – Sie muss dem Bund abgeliefert werden.
   – Sie kann vom Gläubiger zurückgefordert werden bei ordnungsgemässer Versteuerung von Vermögen und Einkommen.

8. a) In die Bundeskasse. (Die MWSt ist die wichtigste Einnahmequelle des Bundes.)

   b) Von der Herstellung bis zum Verbrauch werden die Güter und Leistungen mehrmals besteuert, nämlich in jeder Phase, in welcher wieder ein Mehrwert geschaffen wird.

   c) Dem Verbraucher.

   d) Die Deckung der Existenzbedürfnisse sowie der Bedürfnisse nach Information und Bildung sollte nicht zu stark durch Steuern erschwert werden; dies ist vor allem für einkommensschwache Personen wichtig.

   e) Die Steuerbefreiung erhöht die internationale wirtschaftliche Konkurrenzfähigkeit der Schweiz, was hinsichtlich der Sicherung von inländischen Arbeitsplätzen wichtig ist. (Diese Regelung entspricht internationalen Gepflogenheiten, wonach Exporte im Bestimmungsland besteuert werden.)

   f) Die Steuer wird nicht direkt auf dem Einkommen oder Vermögen erhoben. Indirekte Steuern bezahlt nur, wer Güter oder Dienstleistungen konsumiert.

   g) Bei der Abrechnung nach vereinbartem Entgelt werden sowohl Vorsteuer als auch Umsatzsteuer aufgrund der Rechnung abgerechnet, bei der Abrechnung nach vereinnahmtem Entgelt jedoch aufgrund der effektiven Zahlungen.

   h) Die Abrechnung nach vereinbartem Entgelt, da die Abrechnung der Mehrwertsteuer bereits aufgrund der Fakturierungen erfolgen kann. Die zeitlich später anfallenden Zahlungen müssen also nicht abgewartet werden. Dadurch kommt die Steuerverwaltung früher zu ihrem Geld. Ausserdem ist dieses System einfacher, da es auf der Debitoren- und Kreditorenbuchhaltung basiert.

9.

	0%	2,4%	7,6%
a) Zeitungen		X	
b) Versicherungen	X		
c) Mobiliar			X
d) Rechtsberatung durch Anwalt			X
e) Benzin			X
f) Nahrungsmittel		X	
g) Radio- und Fernsehabonnement		X	
h) Konzertbillette	X		
i) Elektrizität			X
k) Wohnungsmiete	X		
l) Schmerztabletten		X	
m) Uhrenexport	X		
n) Arztkonsultation	X		

10. Die Steuererklärung sowie das Wertschriften- und Guthabenverzeichnis muss der Steuerpflichtige selbst ausfüllen. Der Lohnausweis wird vom Arbeitgeber ausgefüllt. (Je nach Kanton und Gemeinde sind noch zusätzliche Formulare auszufüllen wie z.B. eine Übersicht über die Berufsauslagen.)

11.a) 2% von Fr. 4000.– + 3% von Fr. 4000.– + 4% von Fr. 5000.– + 5% von Fr. 6000.– + 6% von Fr. 6000.– + 7% von Fr. 1000.– = 80.– + 120.– + 200.– + 300.– + 360.– + 70.– = Fr. 1130.–

b) 115% + 123% + 12% = 250%   250% von Fr. 1130.– = Fr. 2825.–
Fr. 2825.– + Fr. 185.40 = Fr. 3010.40

12.
Bruttolohn gemäss Lohnausweis	48 000.–	
./. AHV/IV/EO/AIV-Beiträge (1. Säule) gemäss Lohnausweis	– 2 424.–	
./. Pensionskassenbeiträge (2. Säule) gemäss Lohnausweis	– 3 000.–	
Nettolohn gemäss Lohnausweis	42 576.–	
+ Einkünfte aus Nebenerwerb	3 000.–	
+ Zinsen und Dividenden gemäss Wertschriftenverzeichnis	1 424.–	
+ Mietwert des Eigenheimes	12 000.–	
Total der Einkünfte		59 000.–
./. Berufsauslagen	– 6 400.–	
./. Hypothekarzinsen	– 16 000.–	
./. Versicherungsprämien	– 2 000.–	
./. Diverse Abzüge	– 1 000.–	
Total der Abzüge		– 25 400.–
Reineinkommen		33 600.–
./. Steuerfreie Beträge (Sozialabzüge)		– 7 600.–
Steuerbares Einkommen		26 000.–

13.
- Grundlage für die Berechnung der Ertragssteuer bildet der Reingewinn gemäss Erfolgsrechnung.
- Grundlage für die Berechnung der Kapitalsteuer bildet das Eigenkapital gemäss Bilanz.

unter Berücksichtigung der steuerrechtlichen Bewertungsvorschriften

14. a)
Aktienkapital	500 000.–
+ Offene Reserven	100 000.–
+ Stille Reserven	200 000.–
Steuerbares (Eigen-)Kapital	800 000.–

b)
Ausgewiesener Reingewinn	60 000.–
+ Nicht zulässige Abschreibungen	20 000.–
Steuerbarer Reinertrag (Reingewinn)	80 000.–

c) Rendite des Eigenkapitals = 80 000.– x 100 : 800 000.– = 10%

d) Steuersatz = $1/2$ von 10% = 5%

e) Einfache Staatssteuer = 5% von 80 000.– = Fr. 4 000.–

15.
- Die Aktiengesellschaft versteuert als juristische Person den Gewinn und das Eigenkapital.
- Der Aktionär versteuert die von der Aktiengesellschaft ausbezahlten Gewinne als Einkommen bzw. Ertrag und die Aktien als Vermögen.

16. Besteuerung von Gesellschaft und Aktionären.

17. Die Steuern nehmen überproportional zum Einkommen zu. Bezweckt wird eine Einkommensumverteilung.

18. Bei Inflation steigen die nominellen Einkommen wegen der Teuerungszulagen. Das reale Einkommen (Kaufkraft) bleibt dabei konstant. Wegen des progressiven Steuertarifs steigen aber die Steuerabgaben überproportional an.

19. Weil sie alle Steuerpflichtigen unabhängig von ihrer wirtschaftlichen Leistungsfähigkeit gleich stark treffen.

Anhang

Musterprüfungen

Für die Notenermittlung gilt folgende Punkteskala:

Punkte	Note
92–100	6
83–91	5,5
74–82	5
65–73	4,5
55–64	4
45–54	3,5
36–44	3
27–35	2,5
18–26	2
9–17	1,5
0–8	1

Prüfung 1

Punkte

8 | **1. Aufgabe**

6 | a) Richtig Falsch

☐ ☒ Das dispositive Recht umfasst alle Rechtsnormen, die nicht durch vertragliche Abmachungen abgeändert werden dürfen.

☒ ☐ Diese Vorschriften gelten nur, wenn die Vertragsparteien nichts oder nicht etwas anderes vereinbart haben.

☐ ☒ Es sind Rechtsvorschriften, die nur für den Schuldner Gültigkeit haben, nicht auch für den Gläubiger.

☐ ☒ Dispositives Recht regelt die Beziehungen zwischen Bürger und Staat.

☒ ☐ Dispositives Recht kommt im Privatrecht vor, nicht im öffentlichen Recht.

☐ ☒ Durch dispositive Rechtsvorschriften wird der Gläubiger bevorzugt.

2 | b) Art. 220 OR oder Art. 219 Absatz 1,2 OR

6 | **2. Aufgabe**

3 | a) Darf das Geschäft den höheren Preis verlangen, wenn es darauf hinweist, im Katalog stehe «Preisänderungen vorbehalten»?

☒ Ja ☐ Nein (Das Richtige ist anzukreuzen.)

Begründung Ihrer Antwort:

Verbindlichkeit ausdrücklich wegbedungen (rechtsgeschäftliche und gesetzliche Ausnahme).

3 | b) Gilt dies auch, wenn der Hinweis «Preisänderungen vorbehalten» im Katalog fehlt?

☒ Ja ☐ Nein (Das Richtige ist anzukreuzen.)

Begründung Ihrer Antwort:

Kataloge sind unverbindlich (gesetzliche Ausnahme)

10 | **3. Aufgabe**

1 | a) Wie unterschreibt er?

i.V. oder i.A. (und Name)

2 | b) Darf er als Einkäufer den Vertrag überhaupt unterschreiben?

Ja, alltägliches Geschäft (bringt die Art des Geschäftes «gewöhnlich mit sich»)

70

Punkte		
4	c)	Während der Ferienabwesenheit des Geschäftsführers ergibt sich die Gelegenheit zu einem günstigen Spielwareneinkauf. Allerdings müsste dafür bei der Bank des Geschäftes ein Darlehen von Fr. 30 000.– aufgenommen werden.

Lesen Sie dazu Art. 462 Abs. 2 OR.

Nennen Sie die Voraussetzung (das Tatbestandsmerkmal) für die Anwendung dieses Artikels.

Vorhandensein einer ausdrücklichen Befugnis

Welche Konsequenz ergibt sich daraus für K. Hug (konkrete Rechtsfolge)?

Darlehensvertrag darf nicht abgeschlossen werden, weil die ausdrückliche Befugnis fehlt. |
| 3 | d) | Nach verschiedenen unliebsamen Vorkommnissen beschliesst der Geschäftsführer, K. Hug die Handlungsvollmacht zu entziehen. Er fragt Sie, ob dafür die normale Kündigungsfrist einzuhalten sei oder die Vollmacht fristlos entzogen werden könne.

Die Handlungsvollmacht ist jederzeit (fristlos) widerruflich; Art. 465 Absatz 1 OR |

4. Aufgabe

4

Wo befindet sich für die Fälle a bis d der Erfüllungsort, wenn darüber nichts vereinbart worden ist?

a) ☒ Rorschach
☐ Zürich
☐ anderer Ort, dann wo?

b) ☒ Meilen
☐ Rüti
☐ Zürich
☐ anderer Ort, dann wo?

c) ☐ Basel
☒ Schaffhausen
☐ Zürich
☐ anderer Ort, dann wo?

d) ☐ Frauenfeld
☐ Horgen
☒ Zürich
☐ anderer Ort, dann wo?

5. Aufgabe

5

a)	Der Eintrag des Schuldners im Handelsregister ist Voraussetzung für das entsprechende Verfahren.	C
b)	Alle Gläubiger werden amtlich aufgefordert, ihre Forderungen und Ansprüche anzugeben.	C
c)	Es wird nur so viel Vermögen beschlagnahmt, als nötig ist, um die Forderungen desjenigen Gläubigers zu decken, welcher die Betreibung verlangt hat.	A
d)	Die amtliche Beschlagnahmung des Vermögens entfällt im Ablauf des Verfahrens.	B
e)	Das Betreibungsamt handelt grundsätzlich nur auf Begehren des Gläubigers.	A, B, C

Punkte		
7		**6. Aufgabe**
	2	a) Um was für eine Versicherungsart handelt es sich hier? **Hausrat- oder Haushaltversicherung (Sachversicherung)**
	2	b) Wie bezeichnet das Versicherungsvertragsgesetz diesen Sachverhalt? **Unterversicherung**
	3	c) Wieviel Franken wird die Versicherungsgesellschaft auszahlen, wenn nichts Weiteres abgemacht ist? Die Berechnungen sind übersichtlich darzustellen. Einrichtungswert Fr. 180 000.– Versicherungssumme Fr. 135 000.– Versichert nur ¾ bzw. 25% Unterversicherung Schaden Fr. 40 000.– Versicherungsleistung 3/4 = <u>Fr. 30 000.–</u>
6		**7. Aufgabe**
	3	a) Wie bezeichnet man diese finanzielle Situation? **Überschuldung**
	3	b) Welches ist die gesetzliche Folge? **Richter benachrichtigen → Konkurseröffnung**
7		**8. Aufgabe**
	2	a) Welche Art von Aktien kommt für diesen Zweck in Frage? **Vinkulierte Namenaktien**
	3	b) Wie viele Aktien dieser Art sollen ausgegeben werden, und welchen Nennwert hat eine solche Aktie in diesem Fall? **25 000.– Aktien zu nominell Fr. 10.–**
	2	c) Wie werden solche Aktien bezeichnet, wenn an zukünftigen Generalversammlungen der Gesellschaft jede Aktie eine Stimme zählt? **Stimmrechtsaktien**
4		**9. Aufgabe**

Erbberechtigt	Nicht erbberechtigt	
X		Ehemann
X		Kinder
	X	Vater
	X	Schwestern

Punkte		
8		**10. Aufgabe** (8 Punkte)
	5	a) Wieviel erben die einzelnen Erben im nachstehenden Fall, wenn kein Testament vorhanden ist? Schreiben Sie die Anteile in Brüchen unter die entsprechenden Erben.

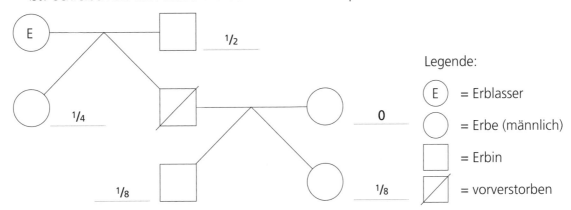

b) Wieviel erbt die Ehefrau des Erblassers, wenn die übrigen Erben auf den Pflichtteil gesetzt werden und die gesamte Erbschaft Fr. 240 000.– beträgt? Die Berechnung ist übersichtlich darzustellen.

Sohn 3/4 von 1/4 = 3/16 Fr. 45 000.–
Kinder der vorverstorbenen Tochter je 3/4 von 1/8 = je 3/32 je Fr. 22 500.–
Ehefrau den Rest = Fr. 150 000.–

11. Aufgabe

a) Richtig Falsch

- ☒ ☐ Banken zählen zu den Dienstleistungsbetrieben.
- ☐ ☒ Bauunternehmungen gehören zum primären Wirtschaftssektor.
- ☐ ☒ In der Schweiz hat in den letzten Jahren der primäre Wirtschaftssektor absolut und relativ stark zugenommen.
- ☒ ☐ Profit Centers sind gewissermassen eigene Betriebe innerhalb einer Unternehmung mit eigener Abteilungs-Erfolgsrechnung.
- ☐ ☒ Die Ablauf-Organisation zeigt, wer wem im Betrieb unterstellt ist.
- ☒ ☐ Ein Warenhaus hat ein breites und in den einzelnen Warengruppen unterschiedlich tiefes Sortiment.

b) Wodurch unterscheiden sich im Organigramm einer Unternehmung Linienstellen und Stabsstellen voneinander?

Durch die Weisungsberechtigung

12. Aufgabe

a) Was ist unter dem Verursacherprinzip allgemein zu verstehen?

Wer Kosten (Sozialkosten) verursacht, soll sie auch tragen.

b) Beschreiben Sie je ein mögliches Beispiel aus dem unternehmerischen und/oder privaten Bereich, bei welchem das Verursacherprinzip spielt bzw. nicht spielt.

Zum Beispiel: Kehrichtsackgebühr, Luftverschmutzung, Gewässerverschmutzung, Schwerverkehrsabgabe

Punkte		
6		**13. Aufgabe**
(je 1)		

Richtig	Falsch	
☐	☒	Die Mehrwertsteuer (MWSt) ist eine direkte Steuer, da sie von den Unternehmungen direkt an den Bund abgeliefert werden muss.
☒	☐	Bei der direkten Steuer wird das Einkommen einer natürlichen Person auf Gemeinde-, Kantons- und Bundesebene besteuert.
☐	☒	Eine abgezogene Verrechnungssteuer erhält man automatisch zurückvergütet, wenn man dem Steueramt eine Bankbestätigung einreicht, man habe die ordentliche Steuerrechnung bezahlt.
☒	☐	Hohe Einkommen und Vermögen werden durch die Steuerprogression prozentual stärker belastet als niedrigere Einkommen und Vermögen.
☒	☐	Kantone haben ihre eigenen Steuergesetze, weshalb die Steuerbelastung eines bestimmten Einkommens von Kanton zu Kanton unterschiedlich sein kann.
☐	☒	Kollektivgesellschaften werden gleich besteuert wie Aktiengesellschaften.

14. Aufgabe

Punkte: 8

2 a) Mit Hilfe von welchem Kriterium wird bei den Banken üblicherweise die Grösse und das Wachstum gemessen?

Bilanzsumme

1 b) Zu welcher Kategorie von Bankgeschäften zählt man die Spareinlagen?

☐ Aktive Kreditgeschäfte
☒ Passive Kreditgeschäfte
☐ Indifferente Geschäfte

2 c) Nennen Sie zwei verschiedene Anlageformen, die dem Anleger gegenwärtig einen höheren Zins bringen als Spareinlagen!

**Kassenobligationen, Anleihensobligationen, Festgelder
(eventuell auch Liegenschaften usw.)**

3 d) Weshalb kann die im Geschäftsbericht geschilderte Umlagerung der Spargelder eine Auswirkung auf die Mietzinsen haben?

Verteuerung Passivgelder → höhere Zinssätze auf ausgeliehenen Geldern (Hypotheken) → Mieten können steigen

15. Aufgabe

Punkte: 6

3 a) Arbeitnehmer und Kapitalgeber:

Arbeitnehmer möchte mehr Lohn → mehr Aufwände: Kapitalgeber möchte Dividende usw.

3 b) Umwelt und Kunden:

Umweltverträgliche Produkte werden teurer: Kunde wünscht preisgünstige Produkte usw.

100 Punkte

Prüfung 2

Punkte

10 | **1. Aufgabe**
Um welches Sicherungsmittel handelt es sich in den nachfolgenden Fällen?

2 | a) Ein Bauunternehmer verpflichtet sich gegenüber dem Bauherrn, die Maurerarbeiten spätestens am 29. August beendet zu haben. Für jeden Tag, um den dieser Termin überschritten wird, zahlt der Bauunternehmer Fr. 2000.–.

Konventionalstrafe

2 | b) Für allfällige Schadenersatzansprüche verlangt ein Vermieter vom Mieter bei Vertragsabschluss ein Depot in der Höhe eines Monatszinses.

Kaution

2 | c) Ein Möbelgeschäft holt die vor 7 Monaten auf Abzahlung verkauften Möbel wieder ab, da der Kunde nicht mehr in der Lage ist, die Monatsraten zu bezahlen.

Eigentumsvorbehalt

2 | d) Ein Vater verpflichtet sich gegenüber der Bank, das dem Sohn gewährte Darlehen samt Zinsen zu bezahlen, sollte der Sohn zahlungsunfähig werden.

Garantieerklärung/Bürgschaftserklärung

2 | e) Ein Garagist will seinem Kunden das Auto erst dann herausgeben, wenn dieser die Rechnung für die ersetzte Auspuffanlage bezahlt hat.

Retentionsrecht

8 | **2. Aufgabe**
Am 7. Juli stellt der Vermieter fest, dass der Wohnungsmieter den Mietzins für den Juni noch nicht bezahlt hat. Gemäss Mietvertrag muss der Mietzins jeweils am 1. des Monats im Voraus bezahlt sein.

3 | a) Entscheiden Sie mit Hilfe von Art. 257d OR, an welchem Tag das Mietverhältnis endigt, wenn der Vermieter am 8. Juli den Mieter schriftlich mahnt und im Übrigen alles unternimmt, um den Mieter so schnell wie möglich aus der Wohnung ausweisen zu können, und der Mieter in keiner Weise auf die Interventionen des Vermieters reagiert.

Datum: **30. September**

b) Der Vermieter fordert neben dem Mietzins auch noch Verzugszins auf dem Juni-Mietzins.

3 | b1) Entscheiden Sie mit Hilfe von Art. 102 Abs. 1+2 OR, ab welchem Zeitpunkt sich der Mieter mit der Zahlung des Mietzinses für den Monat Juni in Verzug befindet. Begründen Sie Ihre Antwort mit einem ganzen Satz.

Ab 1. Juni. Mit der Vertragsbestimmung, dass der Mietzins jeweils am 1. des Monats fällig ist, wurde ein Verfalltag verabredet.

2 | b2) Wie hoch ist der Verzugszins, den der Vermieter fordern darf?
(Begründen Sie Ihre Antwort mit Angabe des massgeblichen Gesetzesartikels.)

5%   Art. **104**   Abs. **1**   Gesetz **OR**

Punkte		
12		**3. Aufgabe**
	3	a) Berechnen Sie den Anlagedeckungsgrad II ([langfristiges FK + EK]*100/Anlagevermögen) aus der Sicht des Unternehmers Eisenring, und beurteilen Sie Ihr Ergebnis.
		(50 + 50) * 100/100 = 100%
		Knapp, denn das Anlagevermögen ist gerade noch mit langfristigem Kapital gedeckt.
	3	b) Berechnen Sie nach diesem Vorgang den Anlagedeckungsgrad II. ([langfristiges FK + EK]*100/Anlagevermögen).
		(50 + 50) * 100/125 = 80%
	3	c) Ist durch diesen Entscheid die goldene Finanzierungsregel eingehalten worden oder nicht? Begründen Sie Ihre Antwort.
		Sie ist nicht eingehalten worden, da 20% des Anlagevermögens nicht durch langfristiges Kapital gedeckt ist.
	3	d) Beschreiben Sie einen Beweggrund der Maschinenbau AG, Eisenring dieses Darlehen zu gewähren.
		Sicherung der Materialbeschaffung in erwünschter Menge und Qualität
		langjährige, gute Geschäftsbeziehungen
		Druckmittel gegen den Zulieferer Eisenring

Punkte		
17		**4. Aufgabe**
	4	a) Nach der Scheidung der Ehe mit Rolf Hug wollte Erika wieder ihren Mädchennamen tragen.
		Entscheiden Sie mit Hilfe des Gesetzes, was sie tun musste, um die Namensänderung zu erreichen.
		Entscheid: **Nachdem das Scheidungsurteil rechtskräftig geworden war, musste sie innerhalb von 6 Monaten gegenüber dem Zivilstandsbeamten erklären, dass sie ihren Mädchennamen wieder tragen wolle.**
		Art. **149** Abs. **2** Gesetz **ZGB**
	3	b) Entscheiden Sie mit Hilfe des Gesetzes, welchen Familiennamen Tochter Katja heute trägt. (Den zutreffenden Namen ankreuzen)
		☒ Hug ☐ Bonetti ☐ Hofer
		Art. **270** Abs. **1** Gesetz **ZGB**
	3	c) Heute überlegt sich Carlo Bonetti, wer im Falle seines Todes zu seinen gesetzlichen Erben gehört. Nennen Sie sämtliche gesetzlichen Erben und ihren gesetzlichen Erbanspruch in Bruchteilen vom Nachlass.

Namen der gesetzlichen Erben	Erbanspruch in Bruchteilen
Ehefrau Erika	1/2
Antonio	1/6
Anna	1/6
Gianluca	1/6

Punkte

d) Carlo Bonetti überlegt sich weiter, wie er vorgehen muss, um seiner Stieftochter Katja von seinem Nachlass so viel wie möglich zukommen zu lassen.

4   d1) Nennen Sie **zwei** mögliche Formen, wie Carlo Bonetti seine letztwillige Verfügung errichten kann.

1. **öffentliche Beurkundung (öffentliche letztwillige Verfügung)**
2. **eigenhändige letztwillige Verfügung**

3   d2) Welchen Bruchteil seines Nachlasses könnte Carlo Bonetti seiner Stieftochter Katja, die er nicht adoptiert hat, maximal zukommen lassen, wenn er alle gesetzlichen Möglichkeiten ausschöpfen würde? (Eine übersichtliche Darstellung wird verlangt.)

Ehefrau 1/2 (1/2) = 1/4
Kinder   1/2 (3/4) = 3/8
                  5/8 freie Quote 3/8

11   ## 5. Aufgabe

2   a) Nennen Sie zwei Gegenstände, die durch eine Hausratversicherung versichert sind.

1. **Möbel**   2. **Kleider** (Schülerlösung)

3   b) Nennen Sie drei Risiken, die durch eine Hausratversicherung abgedeckt werden.

1. **Wasserschäden**
2. **Feuer**
3. **Diebstahl** (Schülerlösung)

3   c) Wie gross ist die Entschädigung, wenn durch ein versichertes Ereignis ein Totalschaden entsteht?

Fr. **160 000.–**

3   d) Wie gross ist die Entschädigung, wenn durch ein versichertes Ereignis ein Schaden von Fr. 60 000.– entsteht?

Fr. **48 000.– (80% von Fr. 60 000.–)**

15   ## 6. Aufgabe

2   a) Wie gross ist die Überschuldung dieser Unternehmung in Franken?

Fr. **130 000.–**

4   b) Welche Vermögensmasse steht unter dem Gesichtspunkt der primären Haftung welchen Forderungen gegenüber? (Zutreffende Zahlen ankreuzen bzw. einsetzen.)

Vermögensmasse	Forderungen
☒ Fr. 20 000.–	☐ Fr. 120 000.–
☐ Fr. 270 000.–	☐ Fr. 270 000.–
☐ Fr. 810 000.–	☐ Fr. 810 000.–
☐ Fr. 830 000.–	☐ Fr. 830 000.–
☐ andere Zahl, welche?	☒ andere Zahl, welche?
Fr.	Fr. **150 000.–**

Punkte		
	c)	Die Bank, die der Kollektivgesellschaft den Kredit von Fr. 90 000.– gewährt hat, möchte auf das Privatvermögen von V. Hasler greifen, um einen finanziellen Verlust zu vermeiden.
3	c1)	Entscheiden Sie mit Hilfe von Art. 568 OR, unter welchen Voraussetzungen die Bank berechtigt ist, Viktor Hasler persönlich zu belangen.

V. Hasler kann erst belangt werden: **wenn er selbst in Konkurs geraten ist**
oder wenn die Gesellschaft aufgelöst worden ist
oder wenn die Gesellschaft erfolglos betrieben worden ist.

3	c2)	Annahme: Die Voraussetzungen für die persönliche Haftung der Gesellschafter sind erfüllt.

V. Hasler weigert sich, der Bank die ganze Schuld von Fr. 90 000.– zu bezahlen. Er ist nur bereit, Fr. 45 000.– zu übernehmen. Er begründet seine Haltung damit, dass gemäss OR der Gewinn oder Verlust einer Kollektivgesellschaft von den Gesellschaftern zu gleichen Teilen zu tragen sei, wenn der Gesellschaftsvertrag keine andere Verteilung vorsehe. Ist Hasler im Recht?

☐ Ja   ☒ **Nein**

Begründung:

Im Aussenverhältnis, d.h. gegenüber den Gesellschaftsgläubigern, haften die Gesellschafter solidarisch. Die Gewinn- oder Verlustverteilung zu gleichen Teilen findet nur im Innenverhältnis, d.h. unter den Gesellschaftern, Anwendung. Nachdem Hasler die ganze Gesellschaftsschuld bezahlt hat, kann er auf Berbig Regress nehmen.

3	d)	Wie gross ist der gesamte Verlust, den Viktor Hasler durch seine Beteiligung an der Kollektivgesellschaft erleiden wird, wenn die Gesellschaftsgläubiger auf ihre Forderungen nicht verzichten wollen und auch H. Berbig privat belangt wird? (Eine übersichtliche Darstellung wird verlangt.)

Tragung der gesamten ungedeckten Gesellschaftsschulden		Fr. 130 000.–	
– Regress auf Berbig		Fr. 10 000.–	Fr. 120 000.–
+ Kapitaleinlage			Fr. 20 000.–
Gesamtverlust			**Fr. 140 000.–**

4	**7. Aufgabe**

Rolf Sigrist unterhält bei der Zürcher Kantonalbank ein Privatkonto. Der Bruttozins 20_1 betrug Fr. 540.–. Nach Abzug von 35% Verrechnungssteuern schrieb ihm die Bank den Nettozins von Fr. 351.– auf dem Konto gut.

Nennen Sie, bezüglich der Verrechnungssteuer, wer/was in diesem Beispiel Steuersubjekt bzw. Steuerobjekt ist:

4	a) Steuersubjekt: **Zürcher Kantonalbank**	b) Steuerobjekt: **Bruttozins 20_1**

6	**8. Aufgabe**

Welche der folgenden Aussagen ist richtig?

3	a) ☐ Stabsstellen sind weisungsberechtigt.

☒ **Die Bildung von Profit Centers in einem Unternehmen bedarf der divisionalen Gliederung (Spartenorganisation).**
☐ Ein Organigramm zeigt die Ablauforganisation.
☐ Kontrollspanne ist ein Begriff aus dem Marketing.
☐ Keine der vorgenannten Aussagen ist richtig.

Punkte		
3		b) ☒ Das Marktvolumen ist der Umsatz eines Unternehmens. ☐ Das Marktvolumen benötigt man zur Berechnung des Sättigungsgrads eines Markts. ☐ Marktsegmentierung ist die Zusammensetzung des Sortiments. ☐ Die Migros hat ein breites und sehr tiefes Sortiment. ☐ Keine der vorgenannten Aussagen ist richtig.
5		**9. Aufgabe**
	je 1	a) Einrichtung, wo Aktien und Obligationen von Publikumsgesellschaften gehandelt werden. **Börse**
		b) Im Normalfall angewandtes Betreibungsverfahren gegen eine im Handelsregister eingetragene Unternehmung. **Betreibung auf Konkurs**
		c) Erbteil, welcher einem gesetzlichen Erben **nicht** entzogen werden darf. **Pflichtteil**
		d) Zuständigkeit oder Recht eines Angestellten, in einem bestimmten Aufgabenbereich selbstständig Entscheidungen zu treffen. **Kompetenz**
		e) Schuldurkunde, welche eine Geldforderung zusammen mit einem Grundpfandrecht verkörpert und im Zusammenhang mit dem Bau bzw. Kauf eines Hauses vorkommt. **Schuldbrief**
12		**10. Aufgabe**
	3	a) Muss für diesen Vertrag eine Formvorschrift eingehalten werden? Begründen Sie Ihre Antwort mit dem entsprechenden Gesetzesartikel. **Nein, OR 11**
	2	b) Unter welcher Voraussetzung wird die Weberei trotz Lieferungsverzug nicht schadenersatzpflichtig? **Wenn die Weberei kein Verschulden trifft.**
	2	c) In welchem Gesetzesartikel sind die drei Möglichkeiten beschrieben, welche die Handelsunternehmung nach dem Lieferungsverzug der Weberei besitzt? Geben Sie den Artikel, den Absatz und das Gesetz an. **Art. 107 Abs. 2 OR**
	3	d) Muss die Handelsunternehmung der Weberei nach dem 28. Februar noch eine Frist zur nachträglichen Erfüllung setzen, damit sie zwischen den drei gesetzlich vorgesehenen Möglichkeiten wählen kann? Begründen Sie Ihre Antwort. **Nein, aufgrund von Art. 108 Ziff. 3 OR (Fixgeschäft) oder Art. 190 OR**
	2	e) Beschreiben Sie eine mögliche Überlegung, die den Einkaufsleiter – aus seiner Funktion in der Handelsunternehmung – von einer Schadenersatzklage gegen die Weberei abbringen könnte. **Die Weberei ist einer der wichtigsten Lieferanten der Handelsunternehmung.**

100 Punkte

Prüfung 3

Punkte

7

1. Aufgabe

Gehören die folgenden Gesetze bzw. Rechtsgebiete zum öffentlichen Recht oder zum Privatrecht? Das Nichtzutreffende ist durchzustreichen.

Gesellschaftsrecht	~~Öffentliches Recht~~	Privatrecht
Prozessrecht	Öffentliches Recht	~~Privatrecht~~
Sachenrecht	~~Öffentliches Recht~~	Privatrecht
Schuldbetreibungs- und Konkursrecht	Öffentliches Recht	~~Privatrecht~~
Steuerrecht	Öffentliches Recht	~~Privatrecht~~
Strafrecht	Öffentliches Recht	~~Privatrecht~~
Wertpapierrecht	~~Öffentliches Recht~~	Privatrecht

3

2. Aufgabe

Entscheiden Sie bei den nachfolgenden Beispielen, wo der Erfüllungsort ist. In keinem Beispiel ist eine Vereinbarung getroffen worden.

1 a) Die Contex AG, mit Geschäftssitz St. Gallen, zahlt an W. Werfeli, Schaffhausen, ein Darlehen von Fr. 20 000.– zurück.

Erfüllungsort: **Schaffhausen**

1 b) Die VILAX, mit Sitz in Busswil, liefert dem Velohändler R. Ruchti in Worb 100 Velos.

Erfüllungsort: **Busswil**

1 c) Der Teppichhändler Schlau, Gockhausen, verkauft D. Dürr, Gossau, einen einmaligen Gobelin-Wandteppich aus dem 18. Jahrhundert, der in Morges ausgestellt ist. Der Kaufvertrag wurde während einer Geschäftsreise von Schlau im Bahnhofbuffet Genf abgeschlossen.

Erfüllungsort: **Morges**

6

3. Aufgabe

Welche der folgenden Aussagen sind **richtig**, und welche sind **falsch**?

Richtig	Falsch	
☒	☐	Die Dividende bei einer Publikums-Aktiengesellschaft wird durch Beschluss der Generalversammlung festgesetzt.
☐	☒	Kapazität ist die Lieferbereitschaft eines Unternehmens.
☐	☒	Falls eine Aktiengesellschaft ihre fälligen Steuerschulden nicht bezahlt, kann sie auf Konkurs betrieben werden.
☒	☐	Bei der direkten Steuer wird das Einkommen einer natürlichen Person auf Gemeinde-, Kantons- und Bundesebene besteuert.
☒	☐	Die gesetzlichen Bestimmungen über die Kollektivgesellschaft enthalten sehr viele dispositive Bestimmungen, weil die Gesellschafter mit dem Geschäfts- und dem Privatvermögen haften.
☐	☒	Gewinn erzielen bedeutet optimal wirtschaftlich arbeiten.

Punkte

12

4. Aufgabe

4 a) Spalte (a) zeigt die Zahlen am 31. März 20_1. Erstellen Sie aufgrund der erwähnten Angaben eine neue Bilanz (Kurzzahlen) in Spalte (b).

Bilanz

Aktiven	(a)	(b)	Passiven	(a)	(b)
Umlaufvermögen	250	**350**	Fremdkapital	280	**300**
Anlagevermögen	510	**530**	Eigenkapital	480	**580**
Total	760	**880**	Total	760	**880**

2 b) Welchen Eigenfinanzierungsgrad (Eigenkapital in % des Gesamtkapitals) – auf eine Dezimale gerundet – weist die Software-AG nach Ausgabe der PS und Beanspruchung des zusätzlichen Bankkredites auf?

Eigenfinanzierungsgrad = 100 x 580 : 880 = 65,9%

je 2 c) Beschreiben Sie einen Vorteil und einen Nachteil eines hohen Eigenfinanzierungsgrades.

Vorteil: **Weniger Fremdzinsen, beschränkte Rückzahlungspflicht, grössere Sicherheit.** (jede sinnvolle Antwort positiv bewerten)

Nachteil: **Höhere Kapitalsteuern, tiefere Rendite (wird oft negativ eingeschätzt).** (jede sinvolle Antwort positiv bewerten)

2 d) **5 in der Schweiz wohnhafte Schweizer und
4 im Ausland wohnhafte Ausländer. (OR 708)**

10

5. Aufgabe

3 a) Kann das Geschäft ihm die Arbeit verweigern und ihn wegschicken? Begründen Sie die Antwort.

Ja, Einzelarbeitsvertrag auf bestimmte Zeit (befristet).

3 b) Nehmen Sie an, der Hilfsbuchhalter erscheine am 16. Mai 20_2 weiterhin zur Arbeit; weil noch sehr viele unerledigte Aufträge auszuführen sind, lässt man ihn weiter im Geschäft arbeiten. Am 20. Juni 20_2 will man den Angestellten endgültig entlassen. Auf welches Datum hin kann dies gemäss Gesetz frühestens geschehen? (genaues Datum mit Begründung verlangt)

Unbefristeter Einzelarbeitsvertrag, Kündigung im ersten Jahr möglich auf den 31. Juli 20_2.

2 c) Muss der Arbeitgeber dem Arbeitnehmer einen Grund angeben, wenn er ihm kündigt?

Ja, wenn der Arbeitnehmer dies verlangt.

2 d) Der Hilfsbuchhalter verlangt vom Arbeitgeber bei Austritt aus dem Geschäft ein Arbeitszeugnis. Worüber hat dieses normalerweise Auskunft zu geben?

Art und Dauer des Arbeitsverhältnisses, Leistungen, Verhalten.

Punkte	
4	**6. Aufgabe**

Kreuzen Sie bei den folgenden Aussagen an, ob sie **richtig** oder **falsch** sind:

Richtig	Falsch	
☐	☒	Rechtsfähig ist nur, wer urteilsfähig und mündig ist.
☐	☒	Beim Abzahlungsgeschäft hat der Käufer das Recht, innerhalb eines Monats vom Vertrag zurückzutreten.
☒	☐	Zur Gründung einer Genossenschaft schreibt das OR kein Mindestkapital vor.
☐	☒	Die allgemeine Verjährungsfrist beträgt 10 Jahre, die Aufbewahrungspflicht für Buchungsbelege aber nur 5 Jahre.

Punkte	
9	**7. Aufgabe**
3	a) Welche vertraglichen Ansprüche hat er gemäss Gesetz gegenüber dem Verkäufer der Leiter? (auch OR-Artikel angeben)

Gewährleistungsansprüche gemäss OR Art. 197
oder:
Recht auf Minderung, Wandelung oder Ersatz gemäss OR Art. 205 + 206

b) Trotz bester Behandlung stirbt Hans Zürcher. Er hinterlässt seine Frau und zwei Kinder.

Nach Eingang aller Versicherungsleistungen sieht die Vermögenslage wie folgt aus:

Eigengut der Ehefrau	Fr. 200 000.–
Eigengut von Hans Zürcher	Fr. 300 000.–
Errungenschaft	Fr. 150 000.–
(Die Kinder haben kein Vermögen)	

Die Ehegatten haben keinen Ehevertrag abgeschlossen. Es besteht auch keine letztwillige Verfügung.

| 2 | b1) Wie viele Franken beträgt das Vermögen der Ehefrau **nach** der güterrechtlichen Auseinandersetzung? (Ausrechnung übersichtlich darstellen) |

Eigengut	Fr. 200 000.–
+ ½ Errungenschaft	Fr. 75 000.–
	Fr. 275 000.–

| 2 | b2) Wie viele Franken beträgt die Erbmasse? (Ausrechnung übersichtlich darstellen) |

Eigengut	Fr. 300 000.–
+ ½ Errungenschaft	Fr. 75 000.–
	Fr. 375 000.–

| 2 | b3) Wie viele Franken erbt jedes der beiden Kinder? (Ausrechnung übersichtlich darstellen) |

je ¼ von Fr. 375 000.– = Fr. 93 750.–

Punkte

8. Aufgabe

3 a) Rendite (jede andere sinnvolle Bestimmungsgrösse)
Sicherheit
Liquidität

3 b)

	Sparkonto	Anleihensobligationen	Aktien
Bestimmungsgrösse 1 **Rendite**	tief	mittel	hoch (sofern Kursgewinne)
Bestimmungsgrösse 2 **Sicherheit**	hoch	mittel	tief
Bestimmungsgrösse 3 **Liquidität**	mittel/tief	tief	hoch (Börse)

3 c) Begründen Sie Ihre Zuordnung beim Sparkonto.

Die Rendite ergibt sich aus dem Zins. Sie ist im Vergleich zu anderen Anlagemöglichkeiten tief.
Sicherheit hoch, da Staatsgarantie bzw. Konkursprivileg.
Liquidität eingeschränkt, da beschränkte Rückzugsmöglichkeiten.

9. Aufgabe

Ergänzen Sie die folgenden Aussagen mit den richtigen Begriffen:

1 a) Ein Warenhandelsbetrieb gehört zum **dritten/teritären** Wirtschaftssektor.

je 1 b)

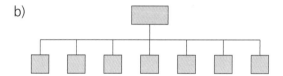

Es handelt sich um ein Organigramm mit **Breiten**gliederung.

Ein Vorteil dieser Organisation ist **der kurze Führungsweg**.

Ein Nachteil dieser Gliederung ist **die grosse Kontrollspanne**.

1 c)

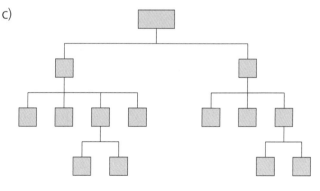

Es handelt sich, verglichen mit b), um ein Organigramm mit **Tiefen**gliederung.

1 d) In den Organigrammen b) und c) fehlen Stellen, die nicht weisungsberechtigt sind. Solche Stellen bezeichnet man als **Stabs**stellen.

Punkte

11	**10. Aufgabe**
je 2	a) Beschreiben Sie zwei Vorgehensmöglichkeiten (Strategien) der Geschäftsleitung, um von diesem guten Abschneiden im Testbericht zu profitieren.

Strategie 1: **Produktionssteigerung um 4%, Umsatzsteigerung.**
Strategie 2: **Produktion mehr als 4% steigern (+ zusätzlich Investitionen)**
Ziel: Marktanteil 20%

3	b) Nennen Sie drei Merkmale (Entscheidungsmerkmale), nach welchen die Strategien beurteilt werden können.

**Kosten/Nutzen, Personalbedarf, Realisierungszeit.
Gewinnaussichten (mittel-/langfristig), Kapitalbedarf/-beschaffung, Marktbearbeitung**

4	c) Entscheiden Sie sich für eine der Strategien unter a), und zeigen Sie zwei mögliche Auswirkungen auf das Unternehmen, falls diese ausgeführt wird (in vollständigen Sätzen oder mit einer Grafik).

Mein Entscheid: Strategie

Auswirkungen auf das Unternehmen:

(Individuelle Antworten bewerten)
Auswirkungen, falls Strategie 2 gewählt wird:

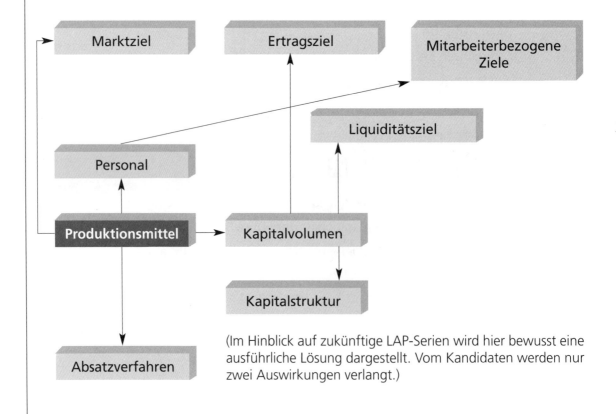

(Im Hinblick auf zukünftige LAP-Serien wird hier bewusst eine ausführliche Lösung dargestellt. Vom Kandidaten werden nur zwei Auswirkungen verlangt.)

9	**11. Aufgabe**
(je 3)	a) OR 340 oder OR 344a, Abs. 4
	b) ZGB 467
	c) OR 185

Punkte		
14		**12. Aufgabe**
2	a)	Der Autohändler A. Furgler hat seine Fahrzeuge **sehr gut** versichert; er kann es sich deshalb erlauben, K. Suter das Auto zu einer selbstständigen Probefahrt zu überlassen. Beim Rückwärtsfahren rammt K. Suter eine Gartenmauer. An der Mauer entsteht kein Schaden, dagegen wird die Stossstange des Wagens arg verformt (Schaden etwa Fr. 1000.–). Wie heisst die Versicherung des Autohändlers, die für den Schaden aufkommen muss?

Vollkasko-Versicherung

2	b)	K. Suter entschliesst sich trotz seines Missgeschicks, den Wagen zu kaufen. Er hat nicht genügend Ersparnisse und kauft deshalb das Auto auf Abzahlung. Was bezweckt der Gesetzgeber mit den detaillierten Formvorschriften zum Abzahlungskauf?

Schutz des Käufers

c) K. Suter muss für sein Fahrzeug eine obligatorische Versicherung abschliessen und der zuständigen kantonalen Behörde einen entsprechenden Versicherungsnachweis einreichen.

2	c1)	Wie heisst diese obligatorische Versicherung?

Motorfahrzeug-Haftpflicht-Versicherung

c2) Nennen Sie einen stichhaltigen Grund, weshalb gerade diese Versicherung vom Gesetzgeber als obligatorisch erklärt worden ist.

Im Strassenverkehr ist die Gefahr der Schädigung Dritter besonders gross.

Sicherung der finanziellen Ansprüche der Geschädigten

2	d)	Der Versicherungsantrag von K. Suter ist von der ihm gewählten Versicherungsgesellschaft angenommen worden. Er erhält den Versicherungsnachweis (Police folgt später) und die Prämienrechnung. Auf der Rückseite der Prämienrechnung liest er unter anderem:

> Art. 20 des Bundesgesetzes über den Versicherungsvertrag (VVG) lautet:
>
> «Wird die Prämie zur Verfallzeit oder während der im Vertrag eingeräumten Nachfrist nicht entrichtet, so ist der Schuldner unter Androhung der Säumnisfolgen auf seine Kosten schriftlich aufzufordern, binnen 14 Tagen, von der Absendung der Mahnung an gerechnet, Zahlung zu leisten (...).
>
> Bleibt die Mahnung ohne Erfolg, so ruht die Leistungspflicht des Versicherers vom Ablauf der Mahnfrist an.»

Dieser Artikel gehört zum Privatrecht. Begründen Sie, warum.

Regelt Rechtsverhältnis zwischen Privaten (Versicherer und Versicherungsnehmer)

2	e)	OR Art. 103 ff. regeln allgemein die Auswirkungen des Schuldnerverzugs. Welche Wirkung (Rechtsfolge) tritt ein
2	e1)	bei einer gewöhnlichen Geldschuld?

Verzugszins (OR 104)

2	e2)	bei einer Prämienschuld gemäss VVG Art. 20? (Siehe d)

Leistungspflicht ruht/keine Deckung mehr

100 Punkte

Prüfung 4

Punkte

5 | **1. Aufgabe**

Unterstreichen Sie in folgenden Textstellen diejenigen Begriffe, die **richtig** sind:

a) Oberste richterliche Instanz bei Streitigkeiten um AHV-Leistungen ist das Bundesgericht in Lausanne/<u>das Versicherungsgericht in Luzern.</u>

b) Bei der Betreibung auf Pfändung hat die Sachpfändung/<u>Lohnpfändung</u> die grössere Bedeutung.

c) Die Allgemeinverbindlicherklärung von Gesamtarbeitsverträgen erfolgt durch die Gewerkschaften/<u>die Regierung</u>.

d) Das Schuldbetreibungs- und Konkursgesetz (SchKG) gehört zum <u>öffentlichen</u>/privaten Recht.

e) Bei der Schenkung handelt es sich um ein einseitiges/<u>zweiseitiges Rechtsgeschäft</u>.

12 | **2. Aufgabe**

Kreuzen Sie die für die folgenden Personen zutreffenden Merkmale an!

		Einzelunternehmer	Kollektivgesellschafter	Geschäftsführer (Direktor) einer AG	Aktionär
2	a) Stellt von Gesetzes wegen privates Geld dem Unternehmen als Risikokapital zur Verfügung.	X	X		X
2	b) Ist von Gesetzes wegen ermächtigt, das Unternehmen nach aussen zu vertreten.	X	X	X	
2	c) Juristische Person möglich.				X
2	d) Von ihm wird erwartet, dass er im Geschäft mitarbeitet, weshalb er einen Lohn/ein Honorar zugute hat.	X	X	X	
2	e) Die Beziehungen zwischen ihm und dem Unternehmen sind im Gesellschaftsvertrag bzw. in den Statuten geregelt.		X		X
2	f) Gilt steuerrechtlich als Selbstständigerwerbender.	X	X		

3. Aufgabe

Das Ehepaar Huber-Schwander (beide Ehegatten sind erwerbstätig) erhält vom Steueramt seiner Wohngemeinde die Mitteilung, das steuerbare Einkommen betrage Fr. 100 000.–, das steuerbare Vermögen Fr. 300 000.–.

a) Wie heisst eine solche Mitteilung?

(je nach Kanton) Verfügung, Veranlagung, Bescheid, Steueröffnung, Steuerrechnung

b) Herr Huber ist in seiner Steuererklärung nur auf ein steuerbares Einkommen von Fr. 90 000.– gekommen. Er sucht deshalb den für ihn zuständigen Steuerbeamten auf. Es stellt sich heraus, dass das Steueramt einige Abzüge, die er in der Steuererklärung gemacht hat, nicht anerkennt.

Nennen Sie einen Abzug vom Roheinkommen (Bruttoeinkommen), bei dem es zu Meinungsverschiedenheiten zwischen Steueramt und Steuerpflichtigem kommen kann.

Gewinnungskosten, Berufsauslagen

Herr Huber kann sich mit dem Steueramt nicht einigen und beschliesst deshalb, Rekurs einzureichen. Auf jedem Gerichts- oder Verwaltungsentscheid findet man einen Vermerk, wer Rekursinstanz ist und wie man bei einem Rekurs vorzugehen hat. Wie heisst eine solche Anmerkung?

Rechtsmittelbelehrung

c) Die Rekursinstanz gibt Herrn Huber recht. Begründen Sie, warum sich der zu bezahlende Steuerbetrag nicht um den gleichen Prozentsatz verändert wie das steuerbare Einkommen.

Wegen der Steuerprogression

d) Der Kollege von Herrn Huber-Schwander wohnt in einer Nachbargemeinde. Er muss bei gleichem steuerbarem Einkommen und Vermögen Fr. 1000.– weniger Steuern bezahlen. Geben Sie einen möglichen Grund an, warum die Steuerbelastung von Gemeinde zu Gemeinde verschieden sein kann.

Kandidatenlösung z. B. Finanzpolitik der Gemeinde, finanzkräftige Steuerzahler, Steuerfuss ist tiefer

e) Das Ehepaar Huber-Schwander lebt unter dem ordentlichen Güterstand.

Wie heisst der ordentliche Güterstand?

Errungenschaftsbeteiligung

Könnte das Ehepaar Huber-Schwander mit einer Gütertrennung Steuern einsparen? (mit Begründung)

Nein, die Wahl des Güterstandes hat keinen Einfluss auf die Besteuerung

Wenn ein anderer als der ordentliche Güterstand gewählt wird, ist bekanntlich ein Ehevertrag erforderlich. Welche Formvorschrift ist dabei zu beachten?

Öffentliche Beurkundung

Punkte		
13	**4. Aufgabe**	
	4.1 Ordnen Sie folgenden Sachverhalten die richtige Verjährungsfrist zu:	
2	a) Dividendenforderungen der Aktionäre	5 Jahre
2	b) Forderungen aus einer Warenlieferung eines Grossisten an einen Wiederverkäufer	10 Jahre
2	c) Die Forderung eines Handwerkers aus Handwerksarbeit	5 Jahre
2	d) Grundpfandforderung gegen den Schuldner	unverjährbar
2	e) Die Kapitalforderung gegen den Darlehensschuldner	10 Jahre
3	4.2 Erklären Sie die Rechtswirkung der Verjährung.	
	Obligation besteht weiterhin, nur ihre Erzwingbarkeit geht unter.	

5. Aufgabe

8

Ordnen Sie die folgenden Rechtsgebiete…

A = Staatsrecht
B = Privatrecht
C = Öffentliches Recht
D = Strafrecht
E = Verwaltungsrecht
F = SchKG
G = OR
H = ZGB

… den nachfolgenden Sachverhalten zu. Es sind für jeden Sachverhalt zwei Zuweisungen vorzunehmen. Die Aufgabe der entsprechenden Buchstaben genügt.

2 a) Eine Gruppe Jugendlicher will an einem Samstag auf einem öffentlichen Platz in einer Stadt einen Stand aufstellen, um gegen die Asylpolitik zu protestieren, was ihr von den Behörden verweigert wird.
   C, E, (A)

2 b) Die Willensäusserung zum Abschluss eines Vertrages kann ausdrücklich oder stillschweigend erfolgen.
   B, G

2 c) Urkundenfälschungen werden mit Gefängnis oder Busse bestraft.
   C, D

2 d) Der Schuldner kann innert 10 Tagen Rechtsvorschlag erheben.
   C, F

Punkte		
6		**6. Aufgabe**
	2	a) Nehmen Sie zu folgender Aussage Stellung: «In einem Fachgeschäft findet der Konsument ein schmales und flaches Sortiment.» **Das Fachgeschäft führt ein schmales und tiefes Sortiment**
	4	b) Ein bestimmter Warenhandelsbetrieb weist ein breites und besonders tiefes Sortiment auf. Die Lagermengen sind im Branchenvergleich überdurchschnittlich hoch. Zeigen Sie zwei mögliche Auswirkungen dieses Sachverhalts auf den leistungswirtschaftlichen und/oder finanzwirtschaftlichen Bereich sowie auf den Unternehmungsgewinn (in vollständigen Sätzen oder mit einer Grafik). (Jede sinnvolle Antwort ist positiv zu bewerten)

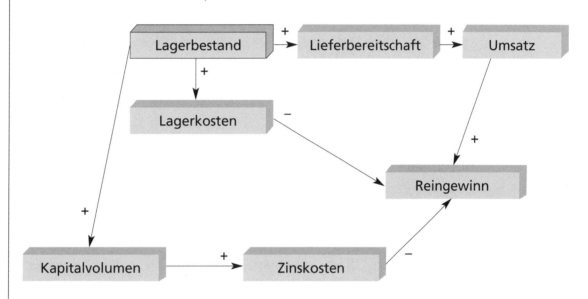

11		**7. Aufgabe**
	4	a) Was sollte der Personalverantwortliche abklären, bevor ein weiteres Gespräch mit Michael stattfindet? Nennen Sie 2 Punkte (spätere Entscheidungskriterien). **persönlich: Leistungen von W. im Betrieb/Qualifikation, Dienstalter (Leistungen FC)** **betrieblich: Leidet Arbeit von W.? Wie wäre er später einsetzbar? Brauchen wir einen Ersatz?**
	je 2	b) Nennen Sie je zwei Argumente, welche aus der Sicht des Betriebes für bzw. gegen das Vorhaben des Angestellten sprechen. Dafür: **Motivation W., Werbung für Unternehmen (Image), Sport ist gesund** Dagegen: **Arbeit kann leiden, Aufwand für Ersatz, Neid übriger Angestellter**
	3	c) Bei der gegenwärtigen Überarbeitung des Unternehmensleitbildes soll auch das Verhalten des Unternehmens gegenüber Freizeitanliegen der Mitarbeiter berücksichtigt werden. Entwerfen Sie in vollständigen Sätzen eine mögliche Zielformulierung dafür. **individuell: Wir wollen… Beispiele: Wir fördern die sportliche Tätigkeit unserer Mitarbeiter, weil wir überzeugt sind, dass sportliche Betätigung die Motivation fördert. Wir sind bereit, angemessene Beiträge zur sportlichen Betätigung unserer Mitarbeiter zu leisten.**

Punkte		
5		**8. Aufgabe**
	3	a) Umschreiben Sie einen Hauptunterschied zwischen Gesetz und Verordnung bei der Entstehung. **Gesetz erlassen von Gesetzgeber;** **Verordnung erlassen von Verwaltung aufgrund Kompetenzübertragung durch Gesetzgeber, kein Referendum**
	2	b) Welcher Unterschied besteht inhaltlich bei der erwähnten gesetzlichen Bestimmung und der Bestimmung der Verordnung? **Gesetz stellt Rahmenbedingungen auf, Verordnung regelt Details.**
4		**9. Aufgabe**
	4	Ist diese letztwillige Verfügung formell rechtsgültig? Begründen Sie Ihre Antwort mit Angabe von Gesetz, Artikel, Absatz. **Nein; sie müsste «von Anfang bis zu Ende» von Hand geschrieben sein** **Art. 505 Abs. 1 ZGB**
5		**10. Aufgabe**
	3	a) Ist die Elektro AG verpflichtet, zu den in der Offerte gemachten Bedingungen zu liefern? ☐ ja ☒ nein Begründung: **Eine unbefristete Offerte ist gemäss OR Art. 5 nur bis zu dem Zeitpunkt verbindlich, wo deren Eingang erwartet werden darf.**
	2	b) Die Elektro AG stellt die bestellten Sachen zu. Wie bezeichnet man diese Art des Zustandekommens des Vertrages? **Konkludentes (schlüssiges) Verhalten, stillschweigende Annahme.**
14		**11. Aufgabe**
		Beantworten Sie anhand des OR folgende Fragen zu verschiedenen Unternehmungsformen.
	3	a) Welche fünf Unternehmungsformen gehören zu den Handelsgesellschaften? **Kollektivgesellschaft, Kommanditgesellschaft, Aktiengesellschaft, GmbH, Kommandit-AG**
	3	b) Kann die Finanz-AG Teilhaberin der Kollektivgesellschaft Bienz & Kummer werden? Begründen Sie Ihre Antwort, und nennen Sie den betreffenden OR-Artikel. **Nein, bei Kollektivgesellschaften sind nach OR-Art. 552 nur natürliche Personen als Gesellschafter möglich**
	3	c) Von einer Aktiengesellschaft sind folgende Bilanzzahlen bekannt: Vermögen 100, Schulden 80, Aktienkapital 50, Verlustvortrag? Welche Pflicht hat der Verwaltungsrat gemäss OR-Art. 725? **Einberufung der Generalversammlung**
	90	

Punkte		
3	d)	Bei der Gründung einer Kollektivgesellschaft leisten Teilhaber Huber eine Kapitaleinlage von Fr. 100 000.– und Teilhaber Müller eine solche von Fr. 200 000.–.
	d1)	Wie viele Franken Jahreszins darf Teilhaber Müller gemäss der obligationenrechtlichen Regelung zur Kollektivgesellschaft beziehen, wenn der Gesellschaftsvertrag keine Bestimmung über den Zinsfuss enthält? Nennen Sie auch den zutreffenden OR-Artikel.
		Fr. 8000.– (4%, gemäss OR-Art. 558, Abs. 2)
2	d2)	Wie ist der erste Jahresgewinn von Fr. 30 000.– zu verteilen, wenn der Gesellschaftsvertrag keine Bestimmung über die Gewinnverteilung enthält?
		Teilhaber Huber erhält **Fr. 15 000.–**
		Teilhaber Müller erhält **Fr. 15 000.–**

12. Aufgabe

7

Vor einigen Jahren versicherte O. Amrein seinen Hausrat für Fr. 90 000.–. Als kürzlich ein Schaden von Fr. 20 000.– eintrat, vergütete ihm die Versicherungsgesellschaft nur Fr. 15 000.–.

2 a) Begründen Sie, weshalb die Versicherungsgesellschaft nicht den vollen Schaden übernommen hat.

Unterversicherung, Amrein hatte eine tiefere Versicherungssumme, als der Wert des Mobiliars ausmachte (Unterversicherung 25%)

3 b) **Bei welchem Versicherungswert** für den Hausrat hätte O. Amrein den **vollen** Schadenbetrag vergütet erhalten (Berechnung angeben)?

90 000 : 15 000.– x 20 000.– = 120 000.– oder
  90 000 : 75 x 100 = 120 000.–

2 c) Bei einer **Haftpflichtversicherung** wird in der Police ein **Selbstbehalt** von Fr. 200.– erwähnt. Was bedeutet dies?

Bei einem Schadenfall zahlt die Versicherung dem Geschädigten Fr. 200.– weniger, als sein Schaden betrug; die Fr. 200.– gehen zulasten des Versicherungsnehmers.

100 Punkte

Prüfung 5

Punkte

10 **1. Aufgabe**

3 a) Anfechtung möglich: ☐ Ja ☒ Nein

Begründung: **(nicht wesentlicher) Motivirrtum**

3 b) Wer ist im Recht? ☒ Inhaber des Teppichgeschäfts ☐ Schär

Zur Begründung genügt die Angabe des massgeblichen Gesetzesartikels:

Art. **24** Abs. **3** Gesetz **OR**

4 c) Wird die Klage des Präsidenten gegen den Fussballspieler erfolgreich sein? ☐ Ja ☒ Nein

Begründung: **Was in der Absicht gegeben wurde, einen sittenwidrigen Erfolg herbeizuführen, kann nicht zurückgefordert werden.** *(Hier sittenwidrig, nicht rechtswidrig, weil Spielregeln keine Rechtsregeln sind.)*

Art. **66** Gesetz **OR**

9 **2. Aufgabe**

3 a) Aussagen zu den Betreibungsarten:

1	Die Konkursbetreibung wird als Gesamtvollstreckung bezeichnet.
2	Eine Aktiengesellschaft, die ihre Steuerschulden nicht bezahlt, wird auf Konkurs betrieben.
3	Die Betreibungen auf Pfändung und auf Pfandverwertung sind Einzelvollstreckungen.
4	Die Abgabe der Insolvenzerklärung einer natürlichen Person führt zum Konkursverfahren.

	1+2+3
	1+2+3+4
X	1+3+4
	2+3+4

Punkte

3 | b) Aussagen zur Einleitung der Betreibung:

- [1] Im Prinzip gilt für sämtliche Betreibungsarten das gleiche Einleitungsverfahren.
- [2] Wenn eine Forderung verjährt ist, weist der Betreibungsbeamte das Betreibungsbegehren zurück.
- [3] Bei der Betreibung auf Pfändung muss der Schuldner den Rechtsvorschlag begründen.
- [4] Erreicht das Einkommen des Schuldners nicht das Existenzminimum, darf gegen ihn keine Betreibung eingeleitet werden.

	3+4
	1+2+4
X	1
	1+4

3 | c) Aussagen zur Betreibung auf Pfändung:

- [1] Der Pfändungsverlustschein berechtigt in einer späteren Betreibung zur definitiven Rechtsöffnung.
- [2] Die Verheimlichung pfändbaren Vermögens wird bestraft.
- [3] Ist kein pfändbares Vermögen vorhanden, so dient die leere Pfändungsurkunde (Pfändungsprotokoll) als Verlustschein.
- [4] Das Betreibungsamt kündigt dem Schuldner die Pfändung an.

X	2+3+4
	1+2+3+4
	1+2+4
	1+3+4

Korrekturhinweis: je 3 oder 0 Punkte

12

6 | **3. Aufgabe**

a) Während tagelanger Unwetter trat ein Dorfbach über die Ufer und verwüstete den Dorfkern mit Schlamm-, Geröll- und Geschiebeablagerungen. Durch welche Versicherungen sind die folgenden Schäden gedeckt?

1. Die Ladeneinrichtung von Coiffeur Brigger wurde vollständig zerstört.	Sachversicherung Betriebe/ Mobiliarversicherung
2. Das vor der Kirche parkierte Auto des Dorfpfarrers wurde durch Gesteinsbrocken vollständig zerstört.	(Teil-)Kaskoversicherung
3. Aus dem Tank der Baugenossenschaft «Heimat» ausgelaufenes Heizöl verunreinigte das Erdreich und den Dorfbach.	(Gebäude-) Haftpflichtversicherung

Punkte		
6	b)	Kreuzen Sie bei den folgenden Aussagen an, ob sie **richtig** oder **falsch** sind, und **begründen** Sie Ihren Entscheid.

Richtig	Falsch	
	X	Erklärt ein Arzt einem Patienten, der noch nicht gegen die finanziellen Folgen von Krankheiten versichert ist, er müsse sich dringend einer kostspieligen Operation unterziehen, so ist es für diesen Patienten höchste Zeit, eine Krankenversicherung abzuschliessen, wenn er die Operationskosten nicht selber tragen will. **Versicherbar sind nur ungewisse zukünftige Ereignisse.**
X		Es gibt obligatorische Versicherungen, die bei privaten Versicherungsgesellschaften abgeschlossen werden können. **Beispiele: Die obligatorische Motorfahrzeughalter-Haftpflichtversicherung muss, die obligatorische Berufs- und Nichtberufsunfallversicherung kann bei privaten Versicherungsgesellschaften abgeschlossen werden.**

27

4. Aufgabe

2 a) Entscheiden Sie mit Hilfe von Art. 950 OR, ob als Firma dieser Unternehmung bloss **Techno Sound** denkbar wäre oder ob der Zusatz «AG» hier zwingend vorgeschrieben ist.

Entscheid: **Zusatz ist nicht zwingend vorgeschrieben.**

Begründung: **Der Zusatz «AG» ist nur bei einer Firma mit Personennamen zwingend.**

2 b) Was bedeutet die Aussage, das Aktienkapital sei voll liberiert?

Das gezeichnete Aktienkapital ist voll einbezahlt.

c) Die Abschrift stimmt mit der Originalpublikation nicht überein.

2 c1) Eine Angabe ist im obigen Ausschnitt enthalten, die im Original sicher fehlt. Welche?

Die Namen der Aktionäre (Anonymität!)

2 c2) Die Angabe, die Gesellschaft habe ihr Aktienkapital in Inhaberaktien eingeteilt, ist sicher falsch. Begründen Sie, warum.

Nur Namenaktien können vinkuliert werden (OR 685).

3 d) Nennen Sie *eine* öffentlichrechtliche und *zwei* privatrechtliche Wirkungen des Handelsregistereintrages für die Techno Sound AG.

öffentlichrechtliche Wirkung: **Konkursbetreibung**

privatrechtliche Wirkungen: **Firmenschutz, Publizitätswirkung (Buchführungspflicht), (Kreditwürdigkeit ist keine rechtliche Wirkung!)**

3 e) Beurteilen Sie die Aussage 1 mit Hilfe von Art. 459 OR:

Die Aussage ist falsch. Eine Rockgruppe zu engagieren ist durch den Geschäftszweck der Techno Sound AG gedeckt. (Der Geschäftszweck kann so ein Geschäft mit sich bringen.)

3 Beurteilen Sie die Aussage 2 mit Hilfe von Art. 461 OR:

Die Aussage ist falsch. Solange der Entzug der Prokura nicht publiziert worden ist, bleibt sie gutgläubigen Dritten gegenüber trotz Entzug in Kraft.

Punkte

3 | f) Muss er seine Gutgläubigkeit beweisen? ☐ Ja ☒ Nein

Als Begründung genügt die Angabe des massgeblichen Gesetzesartikels:

Art. **3** Gesetz **ZGB**

3 | g1) Benötigt der verheiratete Müller für seine Bürgschaftserklärung die Zustimmung seiner Ehefrau?

Zustimmung notwendig ☐ Ja ☒ Nein

Gemäss Art. **494** Abs. **2** Gesetz **OR**

2 | g2) Welche Formvorschrift ist bei dieser Bürgschaftserklärung zu beachten?

öffentliche Beurkundung (OR 493 Abs. 2)

2 | g3) Jürg Müller hat sich solidarisch verbürgt. Was bedeutet das?

Als Bürge kann er belangt werden, sobald sich der Hauptschuldner in Verzug befindet und gemahnt worden ist.

15 | **5. Aufgabe**

3 | a) Erklären Sie, was unter «Marktanteil» zu verstehen ist.

Anteil der Ponso AG am Gesamtumsatz der Branche in Prozenten.

2 | b) Nennen Sie **zwei** mögliche Gründe, die zum Verlust an Marktanteilen geführt haben können.

1. **Die Ponso AG hat den Modetrend verpasst.**
2. **Falsche Werbestrategie**
   (Die Konkurrenz hat die Qualität ihrer Produkte verbessert; vermehrte Konkurrenz; falsche Vertriebspolitik usw.)

Die Ponso AG überlegt sich, ob sie nicht neben dem Absatz über den Fachhandel auch eigene Verkaufsläden mit erweitertem Sortiment eröffnen sollte.

4 | c) Beschreiben Sie **zwei Vorteile**, die der Absatz über eigene Verkaufsläden im Vergleich zum Absatz über den Fachhandel bietet.

1. **Marge des Zwischenhandels fällt weg.**
2. **Kundenkontakt ist eng und lässt rasche Reaktion auf Kundenwünsche zu. Synergieeffekt durch Angebot von Komplementärgütern (Schülerlösung).**

2 | d) Nennen Sie **zwei** Entscheidungskriterien (Standortfaktoren) für die Auswahl geeigneter Standorte.

1. **Verkehrslage**
2. **Raumkosten, Steuern usw.**

2 | e) Vorteil: **Die Flugblattaktion richtet sich ausschliesslich an Leute, die sich für Radsport interessieren und somit potentielle Kunden der Ponso AG sind.**

2 | Nachteil: **Die möglichen Kunden, die an dieser Sportveranstaltung nicht teilgenommen haben, werden durch die Flugblattaktion nicht erreicht.**

6. Aufgabe

a) Kreuzen Sie an, ob die folgenden Aussagen richtig oder falsch sind.

Richtig	Falsch	
	X	Zur Berechnung von Einkommens- bzw. Vermögenssteuern gelten für selbstständig Erwerbende andere Steuersätze als für unselbstständig Erwerbende.
	X	Im Kanton Zug ist der Satz der direkten Bundessteuer für juristische Personen tiefer als im Kanton Jura.
X		Das Vermögen von natürlichen Personen wird auf Bundesebene nicht besteuert.
X		Bei den direkten Steuern wird der zu bezahlende Steuerbetrag grundsätzlich nach der wirtschaftlichen Leistungsfähigkeit des Steuersubjekts berechnet.
	X	Alle Unternehmen sind selbstständige Steuersubjekte und zahlen eine Ertragssteuer (Reingewinnsteuer) sowie eine Kapitalsteuer auf dem Eigenkapital.

b) Womit versucht das Steuerrecht zu erreichen, dass die Steuerpflichtigen ihre Einkommens- und Vermögensverhältnisse **korrekt** angeben? Nennen Sie **zwei** Möglichkeiten.

Verrechnungssteuerabzug
Buchführungspflicht
Lohnausweis, Strafandrohung bei Steuerhinterziehung

7. Aufgabe

a) Können die Eltern den Kauf dieser Anlage rechtlich rückgängig machen? Begründen Sie Ihre Antwort mit dem entsprechenden Gesetzesartikel aus dem Familienrecht.

Nein. Der Arbeitserwerb steht zur freien Verfügung (ZGB 323).

b) Nennen Sie einen Gesetzesartikel aus dem Familienrecht, der für die rechtliche Beurteilung dieses Konfliktes berücksichtigt werden muss.

Art. 301 ZGB oder Art. 302 ZGB

Punkte		
5	c)	Stellen Sie zuerst die Familiensituation grafisch so dar, dass die Erbberechtigten erkennbar sind, und tragen Sie in dieser Darstellung die gesetzlich vorgesehenen Erbansprüche der Erbberechtigten ein.

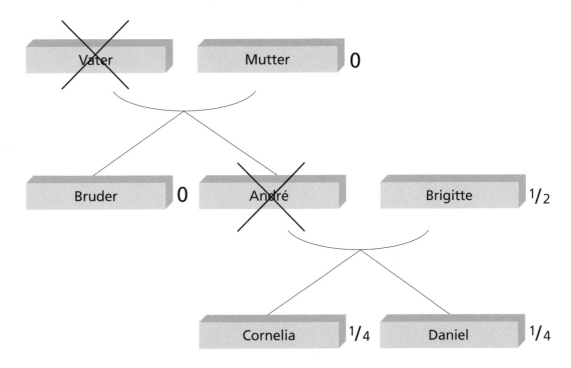

4	d) Wieviel Franken würde die Ehefrau Brigitte aufgrund der erbrechtlichen Auseinandersetzung bei einem Todesfall ihres Ehemannes erhalten?

Nachlass von André: Sein Eigengut   Fr.   10 000.–
plus die Hälfte der Errungenschaft   Fr. 150 000.–

Total Nachlass   Fr. 160 000.–

Anspruch von Ehefrau Brigitte: ½ von Fr. 160 000.– = Fr. 80 000.–

4	e) Wieviel Franken würde die Ehefrau Brigitte aufgrund der erbrechtlichen Auseinandersetzung maximal erhalten, wenn André Arnold in einem Testament alle anderen Erbberechtigten auf den Pflichtteil setzen würde? Stellen Sie bei der Beantwortung dieser Aufgabe Ihren Lösungsweg dar.

Erbberechtigte	Pflichtteil	ges. Erbanspruch	Mindestanspruch
Kinder	¾ von ½	= ³⁄₈	= total Fr. 60 000.–
Ehefrau Brigitte		= ⅝	= Fr. 100 000.–

100 Punkte